平凡社新書
319

死体とご遺体

夫婦《めおと》湯灌師と4000体の出会い

熊田紺也
Kumada Kon-ya

HEIBONSHA

死体とご遺体●目次

はじめに

ある日、夕食をとりながらテレビを見ていた。

あとで詳しく述べることになるが、私たちの仕事は基本的に「待ち」のそれであって、依頼が何もないときは、そんなふうにしてぼんやりと普通の時間を送ることになる。

ニュースをやっていた。場面は、交通事故の現場中継になった。小さな女の子が踏切に入ってしまい、電車にはねられて亡くなったという。

事故現場は、わが家からそう遠くない場所だった。不意に職業意識が頭をもたげてくる。

「あそこだと、K葬儀社の近くだなあ」

と、私は仕事のパートナーでもある妻に言った。

「そうね、Kさんはすぐ近くだわね」

「すると、遺体はKさんの扱いになるな。ひょっとすると、こっちに電話がくるかもしれんぞ」

私の職業を一言でいうなら、それは「湯灌《ゆかん》サービス」である。一般の人々にはまだまだなじみのない言葉だろうが、「湯灌」とは、簡単に言ってしまえば、「亡くなった方を湯に入れ（といっても、普通にいう入浴とは違うが）、通夜から告別式がとどこおりなく行われるようにご遺体を整えること」である。

通常の業務は、病気や老衰などで亡くなられた、つまりは「自然死」といってもいいだろうごく一般的なご遺体を取り扱う。仕事の大半は、その種のものである。

ところが、キャリアを重ねるにつれ、私たちの仕事ぶりへの評価もあったのだろう、事故や自殺などで亡くなった方を扱う機会が増えてきた。いまの会話は、その延長線上にある。

そうこうするうちに、食事はすんだ。その直後、電話のベルが鳴った。K葬儀社からだった。すぐに来てほしい、という。

「よし、行こう」

と、私は妻に声をかけた。

私たち夫婦は即座に腰を上げ、家を飛び出た。

テレビや新聞を通じて流れる「死」は、どんなに痛ましいものであっても、それ自体は一つの「情報」である。そうして、「死の情報」は私たちの身の回りにあふれていて、この種の情報を得ることがない日のほうが珍しい。それほどに、死の情報は多量に生まれ、配信されている。

ところが、私たちのような職業をしていると、「死の情報」は、単なる「情報」であることを超え、「仕事の情報」になることがある。いま挙げた事故のケースが、その典型といっていい。

「踏切事故か、気の毒になあ」

普通ならそんな一言を呼び込んで終わってしまうはずのニュースが、私たちの場合には尾を引き、結果的にはご遺体をめぐる当事者となることがあるのだ。振り返ってみれば、いつの間にやらずいぶん奇妙な立場に自分を追い込んでしまったものだなあという感慨がある。

これからここで語るのは、そんな境遇に身を置くことになった私の人生の経緯と、いま私が連日手がけている仕事の具体的な中身である。

熊田紺也

序章

四十九歳の誕生日、私は初めて遺体を洗った

初仕事は行き倒れの遺体

生まれてはじめて遺体を洗う仕事を任されたのは、忘れもしない、一九九五年九月十六日のことだった。

私は、さる大手葬儀社に職を得たところだった。その葬儀社では湯灌部が新たにできたばかりで、私はそこに配属された。

ところが、新設の湯灌部には当然ながら過去の蓄積がなく、新人を指導することもままならない。そこで、私はまずは別の専門業者に出向して、十日間ほどの講習を受けることになった。その講習を終えて最初の実践の機会となったのが、この日だった。

「まったくの新人だし、遺体の扱いにも慣れていない。過度の緊張のため、遺族が見守る前で万が一粗相があっては困る」

葬儀社の先輩はそう考えたらしく、私に任されたのは、行き倒れとなった路上生活者だった。これなら、遺族の目を気にすることもなく、湯灌作業ができる。遺体は、もちろん警察からの預かりものだった。

大手の葬儀社には、三〜六体の遺体を同時に冷蔵保管できる大型の保冷庫が備わっている。火葬場が休日で搬入できなかったり、葬儀がいくつも重なって日延べを余儀なくされたといった事態が生じたときに保管が必要になるからである。行き倒れなど、警察からの依頼で一時保管することもある。

保冷庫の温度は摂氏四〜七度かそれよりやや下といったあたりに調節されている。〇度まで下げてしまうと、皮膚に白い霜のようなものが付着する。顔に白い斑点模様ができたりしては葬儀にさしつかえるから、そこまでは下げないしくみだ。家庭の冷蔵庫の鮮魚保存と同じことである。

私の初仕事は、その保冷庫から搬出されてきた行き倒れ遺体だった。申し訳ないような話だが、湯灌に慣れない新人たちは、そんなふうにして「遺族がまわりにいることのない遺体」で経験を積み、やがてはベテランの「湯灌師」となっていくのだ。

湯灌とは

「湯灌《ゆかん》」という言葉を聞いて、とまどう方もあるだろう。

葬儀の世界では定着した用語だが、一般にはまだまだ浸透しているとはいえない。湯灌を一言で説明すれば、「遺体を沐浴《もくよく》させて、洗い清めること」となる。この世に生を受けた赤ちゃんが産湯につかるように、新たに生まれ変わろうとしている故人がやすらかに旅立っていけるようにという願いが、そこには込められている。地方によっては、江戸時代にはすでに行われていたともいわれる。

もっとも、実際の湯灌は「沐浴」という言葉から想像されるものとはだいぶ趣《おもむき》が異なっている。私が行っている湯灌の具体的内容についてはあとで詳しく述べるが、人が日常風呂に入るようにして遺体を湯につけることはしない。シャワーを使いながら、遺体を少しずつ丹念に洗っていくのである。

少し歴史めいた話をすれば、もともとは湯灌は死者の親族が行う儀式で、たらいに湯をはり、遺体をその中につけて洗い清めたという。現代になってからは、病院で亡くなった場合は看護師がアルコールを浸したガーゼで遺体を拭いたり、自宅で亡くなった場合は遺族がぬるま湯でしぼったタオルで拭き清めることが行われてきた。「拭き湯灌」と呼ばれるこの種の湯灌を、いまも湯灌サービスとしている葬儀社もある。

いまあえて「サービス」という用語を使ったが、葬儀社にとって、湯灌は通夜や告別式で構成される葬儀に付加するバリエーションであり、いってみればメニューの一つである。「二兆円ビジネス」ともいわれ、年々激しさを増す葬儀社相互の競合が生み出した葬儀の多様化の一つと見ることもできるだろう。

言葉は悪いが、葬儀にも「トレンド」がある。湯灌と並行するようにして、エンバーミング・サービスを積極的にアピールする葬儀社も近年になって増えてきた。

エンバーミングとは、「遺体衛生保全」とも呼ばれ、血液を防腐剤と交換するなど、遺体にさまざまな防腐処理をほどこすことである。これにより、ふつう二週間程度は安全かつ清潔に遺体を保全することができる。遺族が遠隔地で暮らしていてすぐに葬儀が行えないなどの場合にも容易に対応できる点が、大きなメリットだ。

また、顔の修復などにより故人を生前元気だった頃の自然な状態に近づけることができるので、遺族の喜びも大きい。

湯灌もエンバーミングも、もちろんただ単に「葬儀メニューの多様化」を意味するわけではない。その背景には、「ありきたりでない葬儀」「より手厚く故人を送り出す葬儀」を望む流れがある。

そうして、私は、新米の湯灌師見習いとなることによって、そんな現代の葬儀の片隅に身を置くことになったのだった。

緊張のなかでの初仕事

初仕事が始まった。

身元不明の行き倒れだから、当然遺族の姿はない。代わりに、葬儀社の社長以下二十人ほどの社員が立ち会って、喪家《そうけ》（葬家）の役目をつとめた。私一人だけでなく、葬儀社の湯灌部にとっても、これが初仕事だったからである。

まずは、遺体の安置である。ストレッチャーで運ばれてきた遺体を清潔なシーツを敷いた布団の上に寝かせ、バスタオルをかけてから着衣を脱がせる。遺体の様子を観察するのも、このときである。

遺体はざっと見て年齢四十二、三歳。身長が百七十センチほどの痩せ型の男性だった。その遺体を、まずはグラスファイバー製の浴槽《よくそう》（清浄槽）に乗せる。行き倒れだからだろうか、体重は身長の割には軽く、四十キロ程度に感じられた。その日は典型的な残暑で、そのせいか、遺体を抱き上げるとその冷たさが腕にひんやりと伝わってきて、気持ちいいほどだったのを思い出す。

ここからが儀式だ。儀式は口上から始まる。もちろん、口上を述べるのは私である。

「このたびは、まことにご愁傷さまでございます。それではただいまより、やすらかなお旅立ちを願いまして、湯灌及び納棺をさせていただきます……」

私は、白の半袖のワイシャツに濃紺のネクタイ、同じく紺のズボンといういでたちだった。これが、湯灌師の服装の基本であり、たとえ極寒の冬であっても、上からベストは着るものの、半袖のワイシャツは変わらない。湯灌は遺体にほどこす化粧を担当する女性とペアで行うが、かたわらに立つパートナーもまた、制服風の白いブラウスに紺のリボン、長めのキュロットという姿である。

習いたての口上が終わると、私たち二人は湯灌の作業に入った。

いま「乗せる」と書いたが、これは文字通り乗せるのであって、浴槽の上にはステンレスの骨材に厚手のビニールを張った担架のようなものが渡してある。遺体は、そこに乗せるのである。

洗体には、シャワーを使う。温度は二十七度が目安。熱いと皮膚がむけてしまうので夏はたいてい水道水をそのまま使うが、冬場はぬるめの風呂程度に調節する。

さて、最初は遺族が行う「逆さ水《さか》」である。水にお湯を加えた（お湯に水を加えるのではない）ものを、柄杓《ひしやく》で足元から胸元にかけてゆっくりかけていく。

逆さ水がすむと、女性パートナーはここで防水用の白い前掛けを着用する。ここからの作業は、ペアを組んでいる女性との同時進行となる。

まずは、女性パートナーがシャンプーで洗髪と洗顔を行い、続けて髭を剃《そ》る。垢にまみれた行き倒れの遺体は、不精ひげも長く濃くのびていた。

湯灌の手順

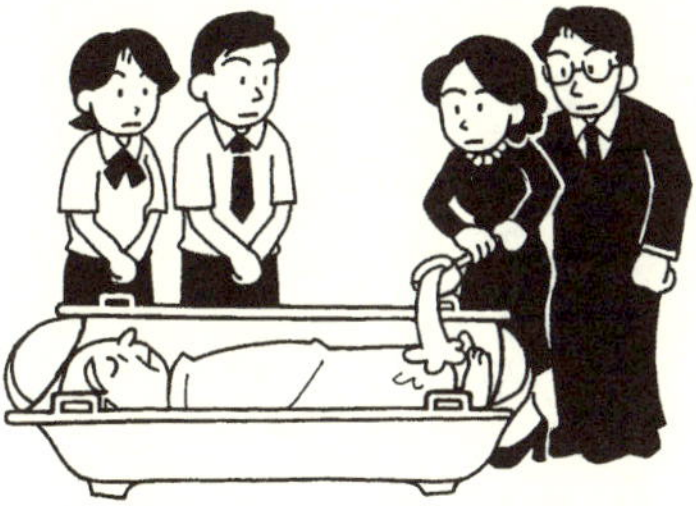

① ご遺族に逆さ水をかけていただく。

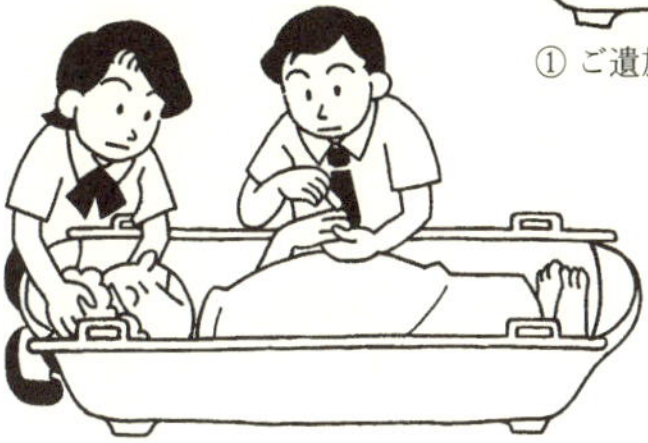

② 爪切り、顔剃り、洗髪、洗顔をする。

③ 温水で全身を洗い流し、拭き上げる。

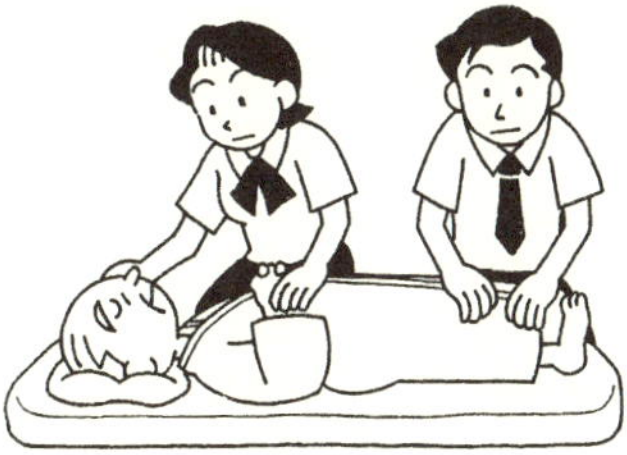

④ 着替え、旅化粧を整えて、ご安置する。

その間、私は足から手へと爪切りを行い、そのあとスポンジに薬用石鹼水を含ませ、かかとや足の指を一本一本丁寧に洗っていく。逆さ水と同じく、洗体も足から始めて上半身へと進む逆順で行うのがならわしとなっている。

太ももから腹へ、腹から胸へ、胸から首へと洗体が進んだら、ここで一度遺体を横抱きにして、パートナーが背中や尻の汚れを洗い落とす。そして、最後にバスタオルの上からシャワーをかけ、そのあとバスタオルを新しいものに交換し、水分を充分に染み込ませるため、遺体を押さえつけるようにして拭き取る。拭き終えたら、二人で遺体を抱えて浴槽から下ろす。

このあと、私が白い仏衣《ぶつい》を着せると、次は女性が担当する化粧である。丁寧に化粧をほどこしている間に、私は浴槽などの器材を車に収める。

私は時計を見た。所要時間は約一時間三十分。使った湯はおよそ八十リットルだった。自然死の場合に比べて、十リットルほど多めの量だった。

死体は湯灌で「ご遺体」になる

初仕事は無事に終わった。

遺族なしの演習まがいの作業だったが、私自身はさすがに緊張した。遺族の視線がないとはいえ、失敗は許されないのが湯灌だから、初体験での緊張は当然だろう。しかし、衝撃はなかった。

私のなかに残ったのは、一つの仕事を新人としてつつがなくこなしたという職業的安堵感、もしくは達成感だった。できたぞ、やったぞ、という気持ちが心の底にあった。

作業を終えてあらためてご遺体に目をやると、保冷庫から引き出されてきたときとはちがって、ざんばら髪は洗われて櫛《くし》が入り、へこんでいた頰は含み綿でふっくらしている。うっすらとほどこされた旅化粧とも相まって、清潔で穏やかに眠っておられる。

そんなご遺体を見ていると、洗体し、仏衣を着せて、旅立ちの仕度をする。その結果、それまでは「ただの赤の他人のうす汚い死体」にすぎなかった一個の身体が、ようやくにして「尊厳のあるご遺体」になったという実感もふつふつと湧いてきた。

帰り道、私の中をいろいろな思いが生まれたり消えたりした。

その一つは、「行き倒れ」ということに関してだった。その頃の私は、自分が経営していた会社が倒産に見舞われ、私自身にとっては巨額というしかない借金の返済に追われる毎日だった。恥を恐れずに告白してしまえば、持ち家を処分してなおかつ、私には二千万円もの負債があった。おれを一言で言い表せば、まさに「生き倒れ」じゃないか、その生き倒れが「行き倒れ」に出会い、その仕事に救われようともがいているのか……そんな苦い思いがあった。

しかし、私はとぼとぼ家に引き上げたわけではない。「生き倒れ」と「行き倒れ」の語呂合わせのような、駄洒落のような交錯を通じて、その先に一筋の光明が見える気がしていた。借金まみれの「死に体」から「生き体」にもどれるかもしれない。本気でそう思っていた。

家に帰り着くと、お清めの塩をまくでもなく、大酒を飲むでもなく、ごく普通に夜を迎えた。妻と何を話したかも、いまとなっては覚えていない。

ただ、ぼんやりしていると、講習のときにいわれた一言が思い浮かんできた。

「すごいわねえ。四十九歳といえば、そろそろ体力を考えて、湯灌の仕事から身を引くのが普通。その年齢で、熊田さんは新しく湯灌の仕事を始めるんだもの」

そういったのは、他の葬儀社の湯灌部に所属する三十代の女性社員。同情してくれているのか、からかわれているのか。私にはその真意をはかりかねたが、気分的には相当に落ち込んだ。

実際問題として、もしも負債がなかったら、私が湯灌の仕事に就くことはおそらくなかったろう。しかし、それでは悲壮な決意で他人がやりたがらない仕事を選んだかといえば、実はそうでもない。世間一般から見れば特殊かもしれないが、私個人にとってはむしろ「実入りのいい仕事」という側面が強かった。だから、湯灌はあくまでもごく普通に淡々とこなしていくべき仕事であり、はじめての仕事を終えたときも、よし明日からも頑張るぞ、死体なんか怖くないぞという、職業的な高揚感が強かったのである。

それは、私のパートナーをつとめてくれた女性の場合も、同じようだった。彼女は四十代後半の主婦。私と同時期に入社し、同じ講習を受け、この日がやはり初仕事だった。彼女が手がけることになったのは一般には「死化粧」といわれる仕事だが、私たちの世界ではこれを「エンジェル・メークアップ」と呼ぶ。エンジェル・メークアップ、すなわちあの世に旅立って天使になるための化粧である。彼女は、いや私もそうだが、あの世への旅立ちのための仕事で自分自身の明日に向かう。いいじゃないか。私はそう思った。

この日は、私の四十九歳の誕生日でもあった。

第一章
CM制作会社社長から湯灌師へ

人生の失敗から湯灌師へ

世間一般から見れば、湯灌は「特別な仕事」ということになるだろう。

いや、世間一般だけではない。私自身にしたところで、以前の生活を送っていた頃であれば、自分には到底縁のない、風変わりな仕事だとでも思ったにちがいない。

いうまでもないことだが、これまであまり積極的には紹介される機会のなかったこの仕事についても、きちんとした本を残した先達がある。『納棺夫日記』（文春文庫）を書かれた青木新門さんが、その代表である。

青木さんは、死者の親族が湯灌の儀式を行ってきた伝統のある北陸に育ち、そこで暮らし続けている人である。作家志望だったが、願いは思うようにかなわず、生活のために居酒屋の主となり、しかし失敗。葬儀社に職を得て、やがて湯灌の道に入った。

その青木さんが書いている。

「船頭が多い上、やりたくないのにやらされた素人が酒をあおって行うわけで、死者を全裸にしたり、起こしたり横にしたりするものだから口や鼻や耳から血が出てきたり、不快な状況を現出させるわけで、取り巻く人々は死者への愛惜の念と死体への嫌悪感と死への恐怖などが入り混じり、いやがうえにも興奮状態が増幅されてゆく」(『納棺夫日記』)

湯灌がまだ死者の親族の手で行われていた頃の描写である。私はもちろん実際に見聞したことはないが、その様子は想像するだけでよくわかる。湯灌は、素人の手にあまる作業である。死者への親しい思いや義務感だけでは、「動かなくなった人体」をそう思うようにあやつることはできない。そのことだけは強調しておきたい。

青木さんは、自らをプロとして鍛え上げることにより、そんな湯灌を死者を送るにふさわしい静かな儀式にまで整えた。私もまた、どうやらその末尾に属しているらしい。しかも、人生の失敗から湯灌師へというコースは、私にも見事なまでに共通する。

私の履歴書

以下、個人的な履歴をざっと述べておこう。

私の父は、第二次大戦前から名古屋で鉄工所を営んでいた人である。かたや、母は京都西陣の絹問屋の娘。この二人の間に、私は一人っ子として生まれた。

戦争は、人と家族の運命を根底からくつがえす。私たちの家の場合も同様で、戦後、鉄工所はたちゆかなくなり、父は新設されたばかりの警察予備隊に就職した。しかし、この仕事は長続きせず、親類を頼って札幌へと移り、役人の職についた。私もまた、高校卒業までを札幌で暮らした。

私は写真が好きだった。高校はもちろん、大学でも写真部に所属し、写真の世界に没頭していた。これがちょっとした縁を生み、一九六九年、先輩を頼ってテレビCMを制作するプロダクションに入社した。

一九六九年は、「いざなぎ景気」と呼ばれた高度成長のピークにあたっていて、カラーテレビが一般家庭に大きく普及。それにともなって、テレビCMのカラー化も大きく進み始めた時期である。

毎日の仕事に活気があったし、仕事自体自分の気質に合っていたのだろう、私はそれからの四半世紀をこのＣＭ業界の人間として生きていくことになる。しかも、担当はサントリーやホンダなどトップ・メーカーのＣＭの制作進行だったから、楽しく張りのある日々だった。仕事と酒とバラの日々……。これぞ天職！

担当したＣＭには、いまも忘れがたいものがある。

番傘を手に飛驒高山の和風旅館を訪れた外国人に、宿の女将《おかみ》が「お泊まりですか……」と声をかけるサントリー・オールドのＣＭ。女将の声はいわゆるアフレコで、近所の居酒屋の女将さんに頼んだ。小さな店の女将が、老舗旅館の女将を声で演じたわけだ。

♪ソ、ソ、ソクラテスかプラトンかぁ、みーんな悩んで大きくなったぁー、のＣＭソングが当たった野坂昭如氏の、本番での飲みっぷりも忘れられない。そして、あの黒澤明監督が出演した、サントリー・リザーブの一連のＣＭ。黒澤監督には制作会社の一員として、都合五年間あまりにわたるおつきあいをさせていただき、その存在感とお人柄には深く心服した。そのこともあって、このシリーズの制作にたずさわることができたのは、いまもいい思い出となっている。

客観的に見れば下請けであるにすぎない制作会社のスタッフは、会社から会社へと激しく移動する傾向がある。私も、その後三つの制作会社に所属。やがて一九八四年、独立し、晴れて自分の会社を設立した。

会社の所在地は、東京は青山と六本木の中間に位置する乃木坂。いま思えば、実になんとも「ギョーカイ的」な立地である。当時の東京を振り返れば、世の中は男も女もDCブランドの花盛り。青山、原宿、六本木にはカフェバーや小洒落たビストロが次々にオープンし、女性の皆さんは一時代を画したあのワンレン&ボディコンに流行が移りはじめた、ちょうどその時期の乃木坂だった。不動産価格はまさに鰻登りで、どこまでも果てしなく上り続けるように見えていた。

私は三十八歳になっていた。家族構成は妻と一男一女。マイホームも購入した。会社の運営も当初は順調で、三、四名の社員を抱えていた。会社の窓からは、六本木から飯倉にかけての夜のまばゆい光、その先のライトアップされた東京タワーがくっきりと見えた。私自身もまた気力と体力がみなぎっていて、夜ごと広告代理店を接待して飲み歩いても、さほど疲れはたまらなかった。

しかし、それもこれも、いま振り返れば一瞬のまばたきとも思える、ほんの短い夢の一時期であった。

五年ほどが過ぎると、バブル崩壊のきざしが現れた。CM制作の依頼も次第に減り始め、これはまずいことになってきたと自覚せざるをえなくなった。PRビデオの分野にも手を広げるなどして立て直しをはかったが、冷え込んでいく世の大きな流れにはさからえなかった。収益は落ち込むばかりだった。

設立八年目、会社はついに倒産した。大きな負債があった。私は自宅を売却。それでしのごうとしたが、足りなかった。およそ二千万円の借金が残った。年齢はすでに四十六歳。私は途方に暮れた。

借金を抱えて転職サバイバル

五十代に入って事業に失敗し、負債を抱えた男たちの多くが、自殺に走るという。

私にはそのつもりはなかった。しかし、先が見えていたわけではない。それどころか、何で喰っていくか、あては全くなかった。それでも、完全にへこたれてはいなかった。五十代にまだ少し猶予があったせいかもしれないが、よくはわからない。

とりあえず、わが一家は公団の賃貸住宅に移り住んだ。私自身は、旧知の広告デザイン会社に身を寄せ、社長の温情を得て食客のような身分になった。

しかし、それで満足するわけにはいかなかった。何よりも、目の前には大きな借金があった。この先、その返済を続けていかなくてはならない。それなのに、いまの立場では、展望は全くなかった。

デザイン会社に引き取られて約一年。私は決心して、退職した。それは、CM業界との決別の時でもあった。

私は、先々に向けて思案した。相変わらず写真は好きだったが、それで収入が得られるはずもない。中年になった男が職を得ようとすればなにがしかの資格が必要だが、私にあるのは車の運転免許だけだった。

とりあえず、私は宅配便のセールス・ドライバーを次の仕事として選んだ。

しかし、この仕事は、私には納得がいかないことばかりだった。いまも宅配便のセールス・ドライバーとして生活している方は気を悪くするだろうが、とにかく仕事は過酷で、低収入。体力には自信があったが、働きづめに働いても、借金返済への光明は一筋として見えてはこなかった。

あれは、クリスマス・イブだった。小雨の中、私は大きな花束やラッピングされたクリスマス・プレゼントを大量に積み込み、配達に追われていた。しかし、若者たちは当然ながら留守が多く、家から家へとまわっても、空振りの連続だった。

収入は歩合制だから、空振りはこたえる。気持ちが萎えていき、徒労感ばかりが蓄積した。悪いことは、こんなときにかぎって起こる。荷を出すために軽トラックの背後にまわったとき、後部のドアが不意に跳ね上がった。私は頬をしたたかに痛打された。

気づくと、眼鏡がどこかへはじき飛ばされていた。雨の中、私は呆然となった。いったいぜんたい、おれはここで何をしているんだ……私はそう思った。町はぼやけて、何も見えなかった。

似たような経験のある方ならわかるだろう。追いつめられた日々を送っていて、眼鏡が壊れる。これは非常にこたえるものだ。私は気をとり直して腰をかがめ、眼鏡をひろおうとした。すると、涙がはらはらとこぼれた。おれは、何をしているんだ。またしてもそう思った。私はひたすら自分の手で地べたを叩き続けた。

在宅入浴サービスから湯灌師へ

もう一度、生き残っていくための戦略を立てるべきときがきていた。

セールス・ドライバーを続ける気はなかった。だから、次の仕事をどうするかが、当面の課題だった。私は、結局のところ、こう考えた。世の中は、高齢化社会へと進みつつある。高齢者を対象にした仕事は確実に右肩上がり、成長産業となっていくはずだ。CMの仕事とは異なり、景気の変動からの影響も受けにくいだろう。といって、特別な資格を持たない私は、楽なデスク・ワークを望むことはなかった。肉体労働でかまわなかった。というよりむしろ、3K以外の仕事があろうとは思えなかった。

セールス・ドライバーをやめた私は、毎日、仕事探しに歩きまわった。すると、あるところで、私にとって魅力的な仕事があることを知った。在宅介護の入浴サービスの仕事である。

入浴サービスの対象者は、いうまでもなく老人である。老人たちは、これからますます増えていく。私は「めっけ！」という気持ちだった。この仕事が自分を待っていてくれた気がした。やるなら、この仕事だ。私は即決した。

大急ぎでつけ加えておけば、私は高邁な福祉の思想だとかボランティア精神だとかでこの仕事を選んだのではない。まちがいなく成長産業になると判断して選択し、押し掛けて就職した。ただそれだけのことだが、私はそれほどにせっぱ詰まっていた。

仕事は三人一組だった。看護師、ヘルパー、そして私が一つのチームを組む。収入は、ヘルパーの場合で月に手取り十五万円ほどだったろうか。資格のある看護師はその倍、そして運転に加えて力仕事をこなす私はその中間といったところだった。充分な収入というには、ほど遠い。しかし、私は一人ではなかった。カミさんが事務職のパートに出ていて、そこそこの収入があった。二人の分を合わせれば、一家の生活だけはなんとかなる。実際にその通りになった。

しかし、一年ほどたつと、ここでも次第に徒労感に襲われるようになってきた。何よりも、督促状はもとより裁判所命令など、借金の壁が目の前に立ちはだかっていた。いまの状態でそれらを越えることができるとはとうてい思えず、未来は相変わらず暗いままだった。

同じ仕事で収入を伸ばしていく最良の方法は、他人の稼ぎの一部分を自分の懐に入れていくことである。つまりは、会社。会社を設立し、人を雇えば、多量の仕事がこなせるようになり、収益も増していく。

無惨な失敗に終わったとはいえ、一度会社を起こした経験があったから、私は介護サービス会社の設立を真剣に考えた。業界全体の様子も調べた。

結果は厳しいものだった。介護サービスは、役所とのパイプなくしては成り立たない。そして現実には、資本力のある会社がすでに役所との間に太いパイプをつくっていて、各地区に深く根を下ろしていた。後発、それも弱小が入り込む隙間などまるでなかった（「コムスン」の大隆盛はその後のことである）。

　またもや出口なしに追い込まれた私に耳よりな話が飛び込んできたのは、そんなときだった。

「出前で遺体を風呂に入れる仕事がある。風呂に入れるのは同じだが、生きてる人間よりも死んだ人のほうが実入りがいい。介護サービスの四〜五倍が相場らしい」

　これまた福祉の思想にもボランティア精神にも何の関係もない、直截にして単純なビジネスの情報だった。私は膝を打ち、

「おお、これだ！」

と、声を上げた。何の躊躇《ちゅうちょ》もなしに転身を決めた。

　仕事の性質が性質だから、念のためカミさんに相談した。返事はあっさりしたものだった。

「そうなの、稼ぎが増えるなら、それでいいじゃない」

　彼女は、私がつぶした会社で経理をしていた。だから、それなりに修羅場はくぐってきていて、少々のことではたじろがない。いや、というより、たじろぐ余裕も

ないほどに生活に追われていて、深く考えることさえできなかったのだろう。

こうして、「遺体専門風呂屋の出前」の決心は固まった。

死者は文句を言わない

湯灌に追われる日々が始まろうとしていた。

しかし、問題が一つあった。

湯灌サービスは、エンジェル・メークアップとセットになっている。したがって、男の私一人ではできない。女性のパートナーが絶対に必要なのだ。

では、誰にするか。頭に浮かぶのは、入浴サービスでチームを組んだヘルパーさんしかなかった。私は彼女に声をかけた。

「俺は、実入りのいい湯灌のほうに移ろうと思っている。あなたはどうする？」

「私もお金に困っているのよ。ペイがいいなら、そっちに移るわ」

実際にやってみてつくづく感じたことだが、湯灌はパートナーとの連携なくしては成り立たない。いちいち言葉で指示を出さなくても、自然に自分の仕事を淡々と進めていける。そんなコラボレーションが、湯灌では最も大切なのだ。

ヘルパーさんとは一年ほどの短いつきあいだったとはいえ、相当な数の場をこなしていた。しかも、老人の入浴サービスは、気苦労の絶えない面倒な仕事なのである。

たとえば、一口に老人といっても、その性格はさまざまである。ああしてほしい、こうしてほしいという注文を絶え間なく放つ人がいる。かと思えば、ここが痛い、あそこが痛いと、幼児のごとく聞き分けのない人もいる。

お湯の熱さ、ぬるさの感じ方も、人それぞれで違う。おまけに、相手は身動きもままならなくなった老人だ、風呂に入れて風邪をひかせてしまったらという不安が常につきまとった。実際、風邪から肺炎になって亡くなられた方もまれにはあるという。

そういう老人相手に経験を積んできたからだろう、私たち二人はなかなかに安定したペアだった。洗体時にご遺体の向きを変えたり、仏衣の着替えを目配せで知らせたりといった作業は、スムーズに運んだ。言葉を発することが禁じられているわけではないが、大声は場所柄からいってはばかられる。そこで遺族には聞こえない程度の小声で手短に指示を交わすのだが、これをスムーズに進めるのはやはり「阿《あ》吽《うん》の呼吸」しかないのだ。それが、私たちにはあった。

おまけに、私たちはそれぞれどちらかといえばドライな気質だった。したがって、遺体相手の仕事にひるむこともなく、仕事に慣れるのも早かった。

私は、この仕事に欠かせないものは、「陽気な虚無」とでも呼ぶべきものだと思っている。一口に遺体といっても、事故死、自殺、孤独死など、その実態はさまざまである。孤独死の場合は、遺体に蛆《うじ》が湧いていることも珍しくない。そういった遺体を目にしても過剰に反応することなく、冷静にやり過ごせる精神。それが「陽気な虚無」なのだ。

十数体をこなして二週間目に入ると、二人ともぎこちなさは完全にとれ、もはやベテランといった気分だった。入浴サービスでの共同作業の経験が、やはり大きくものを言っていた。先々への自信も、少しずつ芽生えていた。

繰り返せば、湯灌は実入りのいい仕事である。

遺体関連の標準的な費用

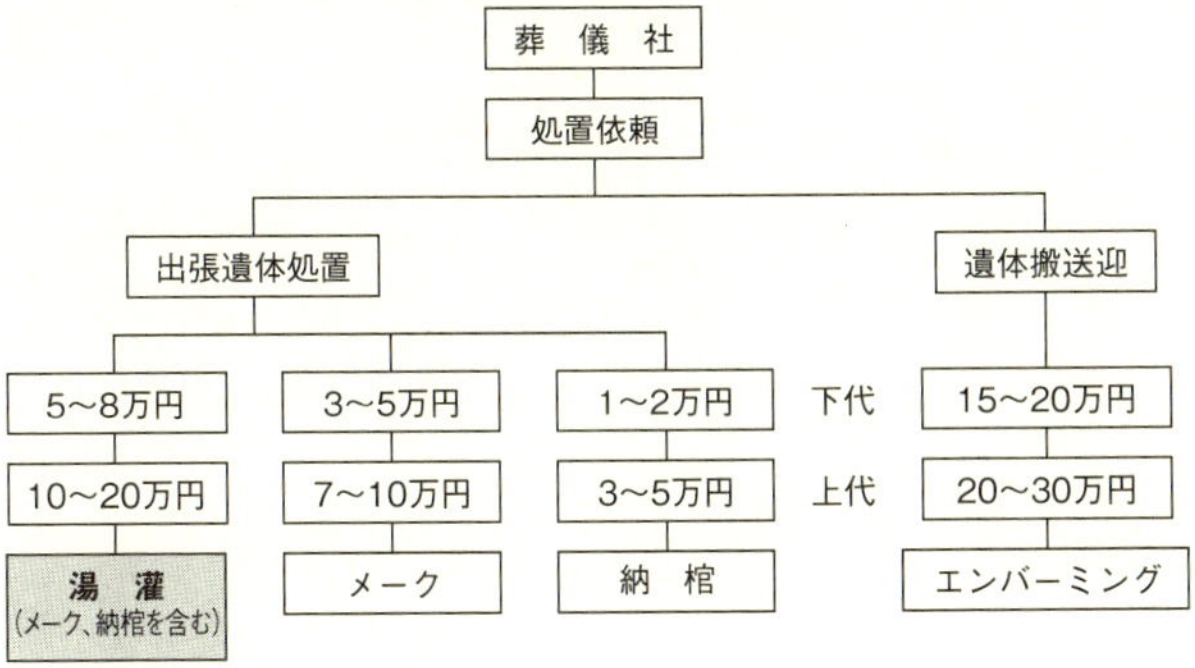

下代=われわれ業者が葬儀社に請求する額。
上代=葬儀社が喪家に請求する額。
価格は標準的な値段であり、遺体や処置内容により変動がある。
大手と小規模の葬儀社間でも格差がある。

遺族が葬儀社に払う湯灌の代金は、十〜二十万円。価格差があるのは仏衣の価格に上下があるせいだが、私たちはそこから一定の割合を収入として受け取る。率直にいって、それは魅力的な仕事だった。

はじめての湯灌を終えたとき、私とパートナーは全く同じ感想を持った。それは、入浴サービスに比べ、湯灌は気遣いという点ではるかに楽だということだった。

不謹慎といわれるのを恐れずにいえば、そのときの私たちの思いは次の一言に要約することができるだろう。

「死者は文句を言わない、もう死ぬ心配もない」

私には、すがすがしい無力感があった。

第二章
湯灌サービスを起業する

遺体は待ってくれない

死者は予告なしに出る。死者が出れば、葬儀になる。葬儀は、予定のたたない、待ったなしの儀式である。

「葬儀社の仕事を十年やってみるといい。精根尽きるという言葉が少しも大げさではないのがわかるだろう。何よりも、休みがとれないのがつらい。休みは、もちろんないわけではない。でも、いつでも連絡をとれるようにしておく必要がある。だから、遠くへの旅行などとてもできない」

ごく小規模な葬儀社で約十年を過ごし、やがて転職していった人物の述懐である。それはまた、私たち葬儀の一部分をなす湯灌の仕事に従事する者にとっても同じである。葬儀が待ったなしである以上、湯灌の仕事にも定休日というものはない。

もっとも、そこはよくしたもので、日本の葬儀の大半は、陰陽五行説をもとに生まれた「六曜」を基準にして成り立っている。六曜とは、仏滅、大安というあれである。葬儀の本番である告別式は友引の日を避けて行う風習があり、その前日の通夜の前段階として行われる湯灌もまたそのルールに従う。実際、友引の日は火葬場が休みになる。全くゼロというわけではないが、だから友引の前日は暇なのである。私たち業界の者は、そのことを

「引き前は暇」

と言ったりする。

それ以外では、旧盆の時期、正月の元旦、二日が暇になる。一〇〇パーセントではないが、おおよそ湯灌師は休みと考えていいだろう。

ただし、正月のはじめの二日間が暇なのは、仏教的な理由とはまったく関連がない。事実は、火葬場が休みになるというだけのことである。死者はむろん正月を避けてくれることなどない。では、どうするか。火葬場が再開するまで、葬儀を日延べするのである。一九八〇年代に性能のよい保冷庫が開発され、遺体を一週間もの間保存できるようになったことが、ここには投影している。

妻と一男一女の家族を持つ私にとっては、正月は貴重な休日である。最初の二日間は、家族でのんびりと過ごす。しかし、正月も三日になると、もういけない。年

末から保管されてきた遺体が待ちきれないとでもいうように、葬儀の準備があわただしく始まる。湯灌もまた、突然に殺到する。実際、一日に四件、五件もの依頼が押し寄せてくるのである。

私は、そんな業界の中に身を置き、大手葬儀社の湯灌部の一員としての生活を続けた。そして、それが一年半を経過した頃、独立をめざして退職を申し出た。円満退職だった。

円満退職になれたのは、入社時に身の上のこと、ことに借金事情について洗いざらい社長に話してあり、借金の返済のためにいずれは自分で開業したいと伝えてあったからである。社長もそのあたりはよく理解してくれていて、退職にあたっては、

「これからも互いにつきあっていこう。何でも相談に乗るぞ」

と、励ましの言葉をかけてくれた。

思えば、この葬儀社にはいい勉強をさせてもらった。大手だから毎月五十〜六十体の湯灌の仕事が入り、経験を蓄積できた。数だけではない。病気による自然死だけでなく、自殺や事故死など、変死に属するケースも多数体験できたし、同僚との

情報交換もできた。私は、いまもその会社に深い感謝の気持ちを持っている。

七百万円の装備

独立は一九九七年だった。

開業にあたっては、どうしてもクリアしなくてはならない三つの問題があった。

第一の問題は、開業資金の調達である。

湯灌は、通夜が行われる場へ出張して行う。浴槽その他の装備を積み込んだ専用の車で駆けつけるのである。

だから、まずは車両を買わなくてはならない。それも特殊車両だ。湯灌車として使えるように改造したトヨタ・ハイエースは、おおよそ六百万円ほどする。これが、開業にあたっての一番の大物装備となる。

車には、浴槽を積む。この浴槽も、入浴サービス用のものとは異なっていて、全体が少し浅めのつくりになっている。特殊な用途のものだから、これがまた安くはない。

浴槽は、実際には喪家に運び込んで使う。その浴槽に湯を供給するには、湯沸かし器が必要になる。湯沸かし器で沸かした湯を送り出すには、ホースがいる。喪家がマンションの二階、三階にあるという場合も現代では普通だから、そこまで湯を上げるにはポンプがいるのだ。

それだけではない。浴槽の上に乗せるすのこ状の担架、浴槽の下に敷き詰める防水シート、バスタオル、アルコール、薬用石鹸、洗体用のスポンジ、消毒液。こう書き出していくときりがないが、まだまだある。変死した遺体を扱うときには、使い捨てゴム手袋や業務用の消臭剤が必要だし、腹水を抜き取るために使う動物用の太い注射針をつけた注射器、化粧品各種、含み綿といったものも必須の装備である。変わったところでは、遺体の首吊りの跡を隠すための飾り綿といったものもある。これだけのものを揃えるとなると、総額にして七百万円ほどが入り用だった。

資金の調達は、市の斡旋《あっせん》融資に依存した。市役所に日参したが、もちろん「資金を貸してください」と漫然と申し込みに行って、通るというものではない。中込書類に自分のこれまでのキャリアを記し、業務内容や必要経費、収入単価、さらにはこれからの収益の見通しなどの数字からなる事業計画書も提出した。幸い、融資は無事認められたが、金額的にはそれでも不十分だった。それで、他に資金援助をしてくれる方を探したり、あちこちを訪ねまわった。資金調達が済み、すべての設備が整うまで、結局は三か月が過ぎていた。

葬儀社に飛び込み営業

第二の問題は営業活動である。

設備を整え、湯灌サービスを開業したからといって、仕事が向こうからやってくるわけはない。ぼんやり待っていては、こちらが死活問題となる。私は「待ち」ではなく「攻め」の営業をしようと考え、計画を立てた。

湯灌の仕事は、葬儀社経由が普通である。私の住む千葉県だけを見ても葬儀社は相当な数にのぼるが、「二時間以内で駆けつけられるところ」を基本条件に営業をかけることにした。それも、対象とする葬儀社は、「湯灌部のない会社」にしぼりこんだ。仕事のとれる確率が高いからである。

リストができあがると、手製のパンフレットを持って訪問営業をした。パンフレットといってもワープロとコピー機で作ったごく簡素なものだが、そこには次のようなメッセージを盛り込んだ。

一、近年の家庭介護の普及にともない、自宅で死去される方が増えてきていること。

一、その結果、お通夜前のご遺体の処置や消臭、遺体保全の需要が高まっていること。

一、事故や自殺などご遺体の損傷が激しい場合でも、当社にはエンバーミング用のアメリカ製品の用意があり、ご遺体修復の技術も備わっていること。

一、腹水や出血の処置も万全にでき、旅化粧の仕上がりに関しては充分に自信があること。

一、これまでの経験から見て、ご喪家から感謝の言葉をいただくことが多く、その結果として喪家と葬儀社とのコミュニケーションも円滑になること。

広告の世界ではSP（セールス・プロモーション）と呼ばれる分野の活動だが、いくら以前はPRビデオ制作を手がけていたといっても、パンフレットづくりなど素人同然のものだから、これで充分とはいえない。ただ、かつての経験で、私は説得力を高める方法はわかっていた。それで、パンフレットに情報を付加することを常に考えた。

たとえば、湯灌に関する記事が新聞に載ることがある。そこには、たいてい、「某互助会を例にとれば、湯灌の利用件数は、平成十年には六五パーセントだったものが、同十四年には八二パーセントまで増加」といったマーケティングのデータが示されている。どの葬儀社も時代に乗り遅れることは嫌うから、こうしたデータは営業を後押ししてくれる格好の素材になる。それで、私は営業に役立ちそうな新聞記事はつとめてコピーし、パンフレットに添えて訪問先に持参した。

実際の営業活動は、まずはタウンページで近隣の葬儀社を調べ、いきなり訪問する方法をとった。いわゆる飛び込みである。セールスの経験などないし、人数も自分一人だから、ともかく手探りで進めていくしかない。ただし、成算はそれなりにあった。

葬儀をビジネスという観点から見れば、近年、葬儀は簡素化に向かって進んできている。マンションなどの集合住宅が増えていること、高齢者自身がマンション住まいであることが多くなったことが、その背景にある。

また、社会全体の高齢化が進むにつれ、退職後十年、二十年という長い時間がたってから亡くなる方も目立って増えてきている。そうした方々はかつては仕事を通じてできあがっていた人脈などを失い、社会的なつながりが薄くなっているので、告別式の参列者も必然的に少なくなる。その結果、返礼用のパスネット・カード（当時はテレホン・カード）だとか用意する仕出し弁当だとかといったものの数も減り、葬儀社にとっては葬儀一件あたりの収益が確実に減少している。

葬儀自体が減っているわけではない。だが、葬儀の世界でもバブルはとうの昔にはじけている。五段、六段といった豪華な祭壇の注文は、減る一方なのである。むろん、花輪の注文なども激減した。

私は、そんな業界の推移を思い浮かべつつ、湯灌は葬儀社にとって魅力的な「商材」であるはずという確信を持った。ことに、湯灌部のない葬儀社にあっては、湯灌は、手を染めたくても思うに任せない「期待の新商品」なのである。私は営業のポイントをその点に置き、説得につとめた。

湯灌サービス業が八〇年代に始まったという西日本とは異なり、首都圏では湯灌自体の歴史が浅く、競合が少ないというのも、私には有利にはたらいた。実際にまわってみると、「湯灌？　何のこと？」と問い返してくる葬儀社もあった。首都圏の葬儀事情にあって、湯灌の入り込む隙間はたっぷりあった。

社長はカミさんに

第三の問題は、はじめて湯灌の仕事に就いたときと同じく、適切なパートナーを得ることである。

当然ながら、まずは入浴介護サービスの頃からペアで仕事をしてきた主婦に話を

もちかけた。しかしながら、

「私はいまの会社の湯灌部に残るわ。開業したてで先の見えないあなたの会社より、大手のほうがやはり安定しているもの」

と、あっさり断られてしまった。

私は頭を抱えた。資金調達はなんとか順調に運び、湯灌車をはじめとする装備の手配も着々と進んでいた。ところが、湯灌に欠かせないパートナー、化粧係が見つからない。

プロダクション時代のヘア・メークさんや、介護で知り合った準看護師などいろいろあたってはみたが、結果は芳しくなかった。それはそうだろう、遺体を扱う仕事など敬遠するのが普通だし、まして化粧係はその遺体に直接化粧をほどこしていくのだ。女性の好む仕事であるはずはない。

思案のあげく、私は最後の手段をとることにした。カミさんである。

ＣＭ会社を経営して最もしんどかったことの一つは、「人を雇って、給料を払い続けること」である。固定人件費は経営の大きな負担になる。まして、経営が傾き始めると、自分の取り分を削ってでも社員に給与を払う必要が出てくる。そのつらさは骨身に沁《し》みていて、私はできることなら他人を雇うことなく、仕事を続けたかった。カミさんをパートナーにすることは、その意味で理想だった。

ところが、自分自身は躊躇なくあっさりと踏み込んだ湯灌の世界なのに、この特殊な仕事にカミさんを誘うとなると、これがなかなか言い出せない。なぜだか、勇気が出てこないのである。

しかし、パートナーがいなければ、借金の上に借金を重ねてまで設立した会社は、開業と同時に休業となってしまう。ここは決断の時だった。ある日、私は思いきって話を切りだした。

そのときの彼女の返事は、いまだに忘れられない。

「あなたが湯灌の仕事に就いたとき、私、不安だったのよ。人が好きこのんでする仕事ではないし、それを続けることによってあなたが別人になってしまうんじゃないか。そう思ったの」

それは、私が気づきもしなかったことだった。そんなことがありうるとさえ思わなかった。

「でも、この一年半間近で見てきて、あなたは元のままのあなただわ。何も変わっていない。だから、私も手伝う。それでいいと思う」

私は、ただただ嬉しかった。と同時に、ほっとした。この仕事に失敗したら、私にとってもう出口はない。それなのに、開業を目前にして、私はこの問題に悩み続けていた。その悩みが、とうとう解けたのだ。

まるでままごとのようだが、私はカミさんを役員として迎えることにした。それも、社長になってもらうことにした。CM会社の時代、社長は私で、カミさんは専務だった。私は、記念すべき再出発にあたり、その関係を逆にしようと思い立ったのである。

開業はしたけれど

会社がすべり出した。

しかし、営業の実態は、当初の期待からはほど遠かった。

パンフレット片手の営業活動ではかなりの手応えを得ていたが、実際の受注にはつながらなかった。仕事は、来るには来た。しかし、その大半はいわゆる「孫請け」だった。

孫請けとは、こういうことである。

葬儀社が喪家に湯灌を勧める動きは、次第に高まってきていた。ところが、喪家が承諾すると、大半の葬儀社は既存の湯灌サービス業者に仕事をまわした。首都圏では湯灌サービスが定着していないとはいっても、先行の業者はそれなりにあった。湯灌は失敗の許されない仕事だから、葬儀社は安全第一、既存の業者を選んだのである。

とはいえ、当地には大手の湯灌サービス業者など存在しない。皆零細だから、葬儀が重なれば、たちまち手一杯になる。そんなせっぱ詰まった状態になったときに、処理しきれなくなった仕事が私たちのもとへまわってくるのである。

葬儀社からの直接の依頼ではない孫請けの場合、当然ながら一件あたりの収入は減る。それでも、私には仕事があるだけでもありがたかった。

いまでも、三日ほど依頼が途絶えることがときにある。依頼を待つ身にとっては、長い三日間である。余裕というものがまったくない開業当初は、長いだけでなく、つらかった。つらさが耐えがたいから、私は御用聞きよろしく葬儀社に出かけた。葬儀社にしても仕事がないから電話をよこさないのだが、そうはわかっていても、私は不安でたまらず、挨拶まわりを繰り返した。そうしなければ、気がくるいそうだった。

そうするうちに、湯灌車などの設備は何も持たず、ただこまめに葬儀社を回ってては注文をとってくる、湯灌ブローカーとでも呼ぶべき業者の存在を知った。少数だが、都内で活動していた。私はつてをたどってブローカーに話を通し、仕事を回してもらえるようにした。数は多くはなかったが、会社を維持していく上ではこれもありがたかった。

繁昌していない会社には悪条件の仕事がまわってくるのもまた必然で、片道三時間かかる遠方の仕事もままあった。往復の六時間に湯灌作業の一時間半を加えると、都合七時間半。半日どころか、一日がかりである。

だが、そんな割の合わない仕事でも、ないよりはましだった。遠方だからといって断ってしまえば、一日が収入ゼロのままに過ぎてしまう。暇つぶしに本を読んだり、好きなジャズのレコードを聴いたりしても、心ここにあらず。半失業状態でじっとしているのは心身によくない。それに、まだまだ新参者だ、一度仕事を断れば、もう二度と口はかからないだろう。

いま振り返ればよくもったものだと思うが、そんな日々がかれこれ三年続いた。まさしく忍耐の三年だった。そして、三年が過ぎると、もやいが解けたように、かつて営業で回った葬儀社から、一つまた一つと仕事が飛び込んで来始めた。依頼の電話をかけてくる葬儀社の数も、日ごとに増え始めた。

動き始めると、物事には加速度がつく。わが社の人員は私とカミさんの二人きりだが、多少の無理は承知で仕事を引き受けるうち、信用が確実につき始めたのだろう、取引先の葬儀社は近隣を越えて広がり、いわばネットワーク状にまでなってきた。ちっぽけな会社を動かす身にとって、充実した取引先のネットワークは何よりの財産である。

開業から九年。現在、そのネットワークを形成する葬儀社は四十社を超えている。

カミさんの力量に脱帽する

このようにして、私たちは「夫婦湯灌師」となった。

この九年は、そんな私たちがいろいろなご遺体に出会い、湯灌師として力をつけていくプロセスでもあった。

仕事は午前中のこともあれば、午後や夕方のこともあるが、基本的には一日に二件のペースでこなしている。最近ではそのペースを上回ることも多く、手にあまって他の業者に仕事を回すこともしばしばある。

九年間に手がけたご遺体は相当な数にのぼるが、その間、最も目立った変化は、旅化粧担当のカミさんの成長である。旅化粧担当といっても、化粧だけが仕事ではない。周囲には遺族がいて、何かにつけて声をかけてくる。むくつけき男よりは女のほうが声をかけやすいのだろう、実際にはカミさんが受け答えをする場面が多い。

このときの応対は重要である。湯灌の経験のある方は少なく、遺族のほとんどは湯灌とはいったい何なのか、不安でたまらないのだ。女のやわらかな声で落ち着いて応対することは、不安をやわらげ、湯灌作業をスムーズにする。

そんな場面を多数経験してきて、私は、湯灌の現場をとりしきっているのはカミさんだ、と感じることが多くなった。てきぱきと化粧を進めながら遺族にさりげなく応対していく様は、まさしくプロのそれである。しかも、彼女が中心になることで、遺族とのコミュニケーションは実にスムーズになる。

だから、私は冗談まじりにときどき言う。

「おれは、いまじゃ髪結いの亭主だよな」

もちろん、私だってちゃんと働いている。しかし、私の関心はどちらかといえば遺体そのものにある。遺体の状態は一つ一つ異なり、できるだけ自然に近い状態で葬儀を迎えられるようにするにはどんな手当てが適切か。私は、いわば技術者として、そこに集中する。

これまで経験してきたご遺体は、その八割が病院や自宅での自然死。残りの二割が、自殺、事故死、孤独死、行き倒れなどの変死である。

営業用のパンフレットにも入れたが、私たちは腹水や出血の処置はもちろん、損傷の激しい遺体の場合には修復作業も行う。私は、その面での技術を向上させ、プロの技をみがき上げていくことが信用を生み、湯灌サービス業者としての信頼を醸成すると考えた。

だから、作業は徹底して工夫した。結果、信頼は確実に高まった。現在、安定して仕事がくるのは、そんなふうにして、夫婦それぞれに腕をみがいていったたまものなのである。

前にも述べたように、湯灌作業で大切なのは、作業をする二人の連携である。夫婦だからうまくいったのか、そうでないのかはよくわからないが、ここでは私たちがいま日々行っている湯灌のプロセスについて、少し詳しく紹介しよう。

湯灌の準備作業

仕事のスタートは、葬儀社からの電話である。

電話が入ると、私たちはまず事故死か自然死かを、事故死の場合には遺体の損傷の具合などを尋ねる。また、性別と年齢も必ず確かめる。これらの確認をした上で、私たちは湯灌車を走らせ、喪家か葬祭場、あるいは葬儀社の保冷室へと向かう。

湯灌車は、特に決まりはないが、どこでもボディが白である。車体には湯灌車を意味する表示はないから、一般の方にはただの白いハイエースとしか見えないだろう。もっとも、ボイラーの湯気を抜くための小さな煙突がついているので、同業者ならすぐにそれとわかる。車内には水を扱う各種機器や担架などを入れてあるので、消防署の小型特殊車両に似ていると感じる方もいるかもしれない。

喪家に着くと、最初にするのは車内に備えつけてある湯沸かし器を使っての湯沸かしである。沸いた湯は、二階ぐらいの高さまでならホースをのばし、ポンプで送る。ただし、マンションの上階の場合は、他の住人に迷惑をかけるおそれがあるので、ホースをのばすことはしない。代わりに、自宅の風呂を沸かしてもらい、そこから小型ポンプでお湯を引く。

湯灌をする場が、喪家ではなく、斎場であることもある。この場合は、葬儀の時間がはっきり決まっているために、葬儀社のスタッフは遺族の到着よりも早めに行って、祭壇の準備をする。私たちも、その祭壇の用意が整う時刻に合わせて着くようにしている。ざっと見て、葬儀開始の三時間前といったあたりだろうか。

斎場に着いたら、湯灌車の後部ドアを開け、浴槽、担架、逆さ水用の手桶のセット、防水シートなどをホール内へと運び込む。そのあと、斎場から電源ケーブルをボイラーまでのばし、水道口とボイラーをホースでつなぐ。これで、ボイラーの湯をホール内に設置した浴槽へと導くことができる。

この間、化粧担当のカミさんは、アルミの化粧箱やらタオル類などを運び込む。洗体時にご遺体にあてがう防水マクラや新しい脱脂綿などの用意もする。

これだけの設置に要する時間は、およそ二十分。ご遺体とご遺族の到着まではまだ三十〜四十分の間があり、以後はそれをじっと待つことになる。といっても、実際には葬儀社の人と簡単な打ち合わせを行い、その延長で四方山話《よもやま》をすることも多い。

四方山話といっても、その中身はどうしても仕事寄りになる。この夏はどの程度の仕事をこなしたかなど景気にまつわる話が大半だが、高価だが効果の高い防臭剤の新製品を教わったり、仕事に直接役立つ情報を得ることもある。扱った遺体の話をすることも多い。葬儀社のスタッフにも寡黙な人と饒舌な人が入り混じっているが、相手が饒舌だと、互いに最近になって経験した変死体を話題にしがちである。おれはこんなすさまじい変死体を扱ったよ、そうか、こっちが扱ったのはその程度じゃないぞ……不謹慎なようだが、釣り師が釣果《ちようか》を大げさに自慢し合うように、私たちの話はどんどんエスカレートしていく。

菊の花が香るがらんとしたホールでの一こまである。

遺族の感情

はじめに、行き倒れの遺体の湯灌の話をした。

その後、本格的にこの仕事をするようになってまず感じたのは、遺族のない葬儀社内での湯灌と遺族の前で行う通常の湯灌とでは、その雰囲気がまるで異なるということである。そのことをはっきり感じたのは、はじめて喪家にうかがって湯灌をしたときだった。

どう違うのかは、言葉で説明するのは難しい。ともかく、最初の経験と対比する意味で、喪家での湯灌サービスの様子をはじめて体験したときのことをからめつつ述べていくことにしよう。

はじめての喪家での湯灌の日、私たちが伺うと、ご喪家ではすでに家族、親族の方々が集まって待っておられた。それで、私は、

「ご様子を拝見させていただきます」

と一言挨拶を述べてから、ご遺体が安置されている部屋に進み、ご遺体に合掌した。いうまでもないことだが、これは故人へのご挨拶の思いを込めての合掌である。

そのあと、まずは逆さ水の手桶と柄杓を用意し、部屋に防水シートを敷きつめた。銀色のシートには、菊の花の浮き彫りがちりばめられている。そして、そのシートの上に浴槽を運び込み、金属製の枠にメッシュのビニールを張った担架をのせ、シャワーの用意をした。シャワーのホースは浴槽に取り付けてあり、ノズル部分にあるスイッチで取水の操作ができる。

次は、ご遺体である。上からバスタオルをかけ、遺族の目にふれることのないよ

う気を遣いながら着衣を脱がせていく。脱衣がすむと、次はバスタオルごとご遺体を抱え上げ、浴槽の上にのせた。

以上が、湯灌の基本準備である。ここまで進んだところで、私は正座して親族に向かい、あらためて湯灌の口上を述べた。

「このたびは、まことにご愁傷様でございます。それでは、ただいまより安らかなお旅立ちを願いまして、湯灌とご納棺を始めさせていただきます」

短い挨拶のあとは、遺族への説明をつけ加える。

「湯灌に入ります前に、皆様には、お別れの逆さ水をかけていただきます。この柄杓を左手を前にしてお持ちいただき、右手は後ろに添えていただきます。そうしまして、ご遺体の足元から胸元までゆっくりとかけていっていただきます。最後は、胸元でぜんぶかけ切るようお願いいたします。以上でございますので、喪主様からご順に皆様でお願いいたします」

逆さ水を胸元でかけ切り、あまりを残さないようにするのは、残った水を「戻り水」といって、避けるべきものとされているからである。四国のお遍路では、山門をくぐってすぐではなく、札所で参拝や納経をすませた帰りがけに鐘をつくことを「戻り鐘」と呼んで避けている。戻り水もそれと同じく、「戻り」を避ける仏教的な風習なのだろうと思う。

ここまでが湯灌の第一段階である。このとき以来、私は繰り返し同じことを経験していくことになるのだが、逆さ水の説明を終えるまでの周囲の空気には独特のものがある。

それを感じさせるのは、何よりもまず遺族の存在である。たいていの場合、隣りの部屋で待機している彼らは、互いに口をきくこともなく、ただじっと身を固くして見つめているだけなのである。

むろん、お宅によって多少の違いはあるのだが、こちらには、

「いま会ったばかりの見知らぬ男が、目の前で私たちの大切なおばあさんの服を脱がせ、抱きかかえたりしている。この男、これからいったい何をしようというのか……？」

という戸惑いや不審の入り混じった感情が、声にならない声として伝わってくる。

それぞれの目にはいろいろな感情が投影されているのに、声一つ発することができないのは、湯灌という伝統儀礼が社会の中ですたれてしまったがために、湯灌は誰にとっても初体験であり、先が全く見えない状態だからなのだろうと、私は思う。

ご遺体は穢れではない

湯灌は、古くは宗教儀礼として行われていたとされる。

仏教に「流灌頂《ながれかんじょう》」と呼ばれる儀式がある。僧侶が弟子に仏位を継承させる際に行われるもので、如来の知恵を象徴する水を弟子の頭にかける。それが民俗信仰と結びついて庶民の間に広まり、やがて死者の穢《けが》れを払う湯灌の儀式として定着していったという。

中世までは、湯灌は「聖《ひじり》」と呼ばれる宗教者の手で行われた。「授戒」や「剃髪」などと同じく、死者を来世へと送る儀式の一環だったのだそうで、その目的は「霊魂の浄化」にあったとされる。

それが、近世すなわち江戸時代頃からは、血縁者が行う儀式になった。地方によって異なるが、血縁者の中から男性が選ばれ、茶碗酒をひっかけながらその役をつとめたところもあったという。チベットでいまも行われる「鳥葬」では、酒でべろべろに酔った男が遺体を鉈《なた》で切り裂く役目をつとめるという。遺体にふれるというのは、平静ではできない特別なことだということなのだろう。

日本の場合、その背景には、死者を穢れと見る発想がある。

前に紹介した青木新門氏の『納棺夫日記』にも、湯灌を終えて家に帰った著者が、家族から「穢らわしい、近づかないで！」と拒絶される場面が描かれている。ことさら宗教に関心がなくても、「遺体＝穢れ」とする見方が内面深くしみついているということだ。

宗教者が行う湯灌、遺族が行う湯灌は、現代ではほとんど消滅してしまった。そのため、一般の人は湯灌とはどういうことなのかも知らないのが普通の時代となったのだが、それが葬儀の一部をなすサービスとして復活したのは、一九八〇年代のことだという。互助会系の葬儀社にいた人物が独立し、需要を確信してサービスを始めたのが最初だったらしい。やがて一九九五年、阪神淡路大震災が起こり、損傷の激しい多数の遺体が生じた。それを見た関西の葬儀社「公益社」が業務の一環として湯灌サービスに取り組むようになったのが、現代に湯灌が広まるきっかけをつくった。

八〇年代に大阪で湯灌サービスを始めた人物は、老人介護の入浴サービスから着想を得て、実行に移したという。同じく入浴サービスから移ってきた私は、その意味では湯灌の「正統」を歩いていることになるらしい。

ただし、私自身には「遺体＝穢れ」という発想はない。

湯灌サービス業者の中には、最初の口上の際、

「死者の煩悩《ぼんのう》や穢れを洗い清める宗教儀礼です」

という意味のことを述べるところもあるようだが、私はそういう言い方もしない。

私にとっての湯灌は、自分の仕事であると同時に、「遺体を最大限大切に扱う」ための作業である。たとえば、事故で傷んだ遺体が、告別式のそのときまでそのままであっていいはずはない。できるだけ生前の姿に近づけてあげることが、死者を悼む礼儀ではないのか。私はそう思っている。

遺体を抱《いだ》き、洗う

現場の話にもどそう。

私がうながすと、ご遺族の皆さんによる逆さ水の儀式が始まる。ほとんどの場合、皆さん無言である。無言というだけでなく、表情を見ると、憮然としている方が多い。

そう見えるのは、肉親の死というものは、やはり受け入れがたいものだからなのだろう。死は自然の摂理だが、実際に起こってみると唐突だったり理不尽だったりという印象をもちがちだ。頭では仕方のないことだとわかっていても、なかなか受け入れられないのが普通だろう。

だから、私はその場の雰囲気に頓着することなく、次の口上へと進んでいく。

「皆様、お済みでしょうか。それでは、これからは私どもがご洗体をさせていただきます。しばらくお時間をいただきます。ご洗体の間は、どうぞご一緒にご覧ください」

洗体の作業は、遺体の状態によって装備を変える。といっても簡単なことだが、ひどい床ずれがあったり、出血していたり、水泡があったり、さらには事故による損傷があったりする場合には、ゴム手袋を使う。これに対し、通常の自然死の場合は、きまって素手で行う。汚いものを扱っているというイメージを、遺族に与えたくないからである。

作業はまず、女性パートナーによる顔剃りから始まる。顔剃りは剃刀《かみそり》で行うが、これには細心の注意を払う。剃刀で皮膚を傷つけると傷口から細菌が侵入、遺体の傷みが早まるからである。このとき、鼻毛などもきちんと処理する。

そのあと、シャンプーと洗顔の作業に入る。この種の作業は対象が生者か死者かの違いがあるだけで、傍目《はため》にはただどんどんきれいになっていくという印象を得るだけのはずである。たいていの人には、床屋と同じように見えているのではないか。

この間、私は爪切りを担当する。手の爪、足の爪を、一つ一つパチンと切っていく。そして、爪切りがすむ頃にはシャンプー、洗顔も終わっていて、次にタオルの上からのシャワーに移る。全身に掛け湯をしていく作業である。

ここまですむと、いよいよ洗体となる。

これは、二人共同で左右から同時に進行していく。

洗体には、石鹸を染み込ませたスポンジを使う。洗う順序はここでも「逆さ」。足の指からはじめて次第に上へ、上へ、太股《ふともも》から腹、腹から胸、胸から首へと丁寧に洗い進んでいく。首まできたら、私がご遺体を横向きに抱え起こし、パートナーが背中、次に尻を洗う。それがすんだら、シャワーで石鹸をすべて洗い流し、バスタオルを新しいものに交換する。

私は、ここで再び口を開く。

「それでは、ご洗体が終わりましたので、皆様でお顔を拭いてあげてください」

ここまでおよそ三十分が経過している。

納棺まで

遺族が順に少しずつ故人の顔を拭いていく。最後のお世話である。

終わると、私が言う。

「これより、お体の処置とお着替えに入ります。おそれいりますが、しばらく別室にてお休みください。整いましたら、すぐにお声をかけさせていただきます。よろしくお願いいいたします」

遺族が別室に移ったら、次は口の中の清浄である。このあたりからの作業は、ピンセットやステンレスのへら、各種薬品、脱脂綿、綿棒などを使う。傍目には歯科医や口腔外科医、看護師による医療行為と区別がつかないはずだ。口腔を洗浄する際には、片方の手で抱えるようにして故人の頭を支える。就寝前に幼児の歯を磨く母親のように見えるかもしれない。

続いて、消臭剤とおむつの着装。さらに、耳、鼻、口、下の部分への綿詰めを行う。鼻への綿詰めは、鼻血が出たときとはわけが違う。鼻孔の一番深い部分まで押し込むようにして、遺族が見ていたら驚くほどの量を詰め込んでいく。なかには、目がどうしても開いたままになるご遺体がある。この場合には、瞬間接着剤を使ってまぶたをふさぐ。すべては臨機応変に判断し、処理していかなくてはならない。

ご遺体の状態次第だが、小さな傷やただれがあるときは、包帯を巻くこともある

湯灌の作業の流れ

喪家訪問
↓
遺体確認
↓
機材セット
↓
末期の水（逆さ水）
↓
身体洗浄・洗髪
↓
着衣の着せ替え
↓
化粧・整髪
↓
納棺
↓
葬家退出

し、テーピングもする。これらの作業のあと、再度ご遺体を抱え上げ、仏衣を着せる。このとき、遺族の希望を受けて、仏衣ではなく、故人が愛用した背広や着物などにすることもある。故人がクリスチャンの場合は、もちろん仏衣ではなく洋服だ。

そうして、最後は顔の化粧。化粧が終わると、別室に控えている遺族を再び呼ぶ。

「お待たせいたしました。整いましたので、どうぞお近くへ。口紅の色やその他、直すべきところがありましたら、どうぞご遠慮なくおっしゃってください」

ここまでの作業に、さらに三十分がかかっている。

そして、このあとが納棺である。

納棺もまた時間を要する作業である。白木の杖、編み笠、草履、六文銭をいれた頭陀袋《ずだ》。これら旅支度の小物を整え、棺内の飾り付けをするだけで三十分はかかってしまう。

遺族の要望で棺内に故人愛用の品々を納める場合もある。その際には、火葬のことを考え、破裂する危険のあるもの、燃えないもの、塩ビ系の化学素材など有毒ガスを発生するおそれのあるものは遠慮していただく。ただし、これらについての説明は、私たちの仕事ではなく、葬儀社のスタッフの担当である。

このあとも、葬儀社の担当者は喪主さんたちと打ち合わせを続ける。

参加することが癒しにつながる

これで湯灌の作業自体は完了である。

ところで、さっき私は「戸惑いや不審の入り混じった感情が、声にならない声として伝わってくる」と書いた。作業が始まってまもなくはその通りなのだが、実はそんな空気が途中で変わる瞬間がある。それも、徐々に薄らいでいくのではなく、劇的といってもいいほどに急激に変わるのだ。

それは、女性パートナーが洗髪を始め、私が手足の爪を切りはじめるあたりだろうか。私の実感としては、それまで離れていたご遺族全員の気持ちが一つになり、私たちのほうにバーッと寄ってくるといった感じである。足を洗いはじめる頃には、もっと近づいてくる。胸、腹、背中を洗う頃には、さらに近くまで寄ってくる。寄ってくるというより、共振して「のってくる」といったほうが正解かもしれない。不謹慎なたとえかもしれないが、それはまるでライブ演奏の「ノリ」のようである。ご遺族全員の気持ちが一つになり、こちらの一挙手一投足にぴたっと合わさってくるような手応えが、ひしひしと伝わってくる。それはもう、私にとっては感動的というしかない体験である。

誰も言葉に出す人はいない。それでいて、

「あなた方はそこまでして遺体を洗ってくれるのか、そこまでやってくれるのか」

そういう驚きと感動が、部屋中に満ちてくるのである。

実際、最初はその場の雰囲気にとまどいながらじっと座っていた孫娘さんたちが、三十分もたつと、おばあさんの旅化粧を手伝ってくれるようになることがある。そのとき、顔に化粧ブラシを走らせる彼女たちの表情には、まるで赤ちゃんの世話をするような、心の底からの優しいまなざしにいろどられる。

遺族が私たちに話しかけてくるようになるのも、そのあたりからである。ことに、ご遺体のお顔を拭いてもらうときには、故人の思い出を静かに口にされる方が多い。

「おじいちゃんは風呂好きだったから、きっと喜んでますね」

「ああ、なんだか気持ちよさそうな顔になってきましたねえ」

「きれい好きな人だったから、今日は湯灌を頼んで、本当によかったですよ」

このとき、私たちの間にあった「湯灌業者と悲しみにくれる遺族」という隔たりは消えていて、ともに手をたずさえて故人の旅立ちをしているという、ある種の一体感が生じている。

私は、湯灌の世界に入ったとき、職業人として手堅く仕事をしようという気持ちだった。ただし、動機が借金の返済だったから、仕事それ自体に対するそれ以上の思い入れはなかった。

ところが、いざ湯灌の仕事を始めてみると、そんな私が仕事中に遺族との一体感を感じ、いっそう気持ちが乗るようになってきたのである。

あえて身も蓋もない言い方をすれば、遺体とはつまるところそれまで私には何の縁もなかった、赤の他人の死体である。その死体の手足や背中を洗いながら、自分の気持ちと遺族の気持ちが共振し、高揚してくる。私には、思いがけない発見だった。それも、はじめての喪家での湯灌でそれを感じたのである。

その職業にのめりこんでいく動機づけといったことが、よく語られる。私と湯灌との場合には、いまいった一体感がそれにあたるだろう。私は、場数を重ねていく中で、そのことを繰り返し感じ、この仕事にいっそう深く入っていくことになったのだった。

湯灌の仕事の本質は、洗体や遺体の修復の技術といった部分にあるのではない。私は、それは心の問題であり、遺族とのコミュニケーション、いやコミュニケーションすらを超えた癒しの中にこそあると意識するようになった。

経験を重ねるにつれ、私たちと遺族との一体感が思わぬ場面で形づくられることもしばしばあった。

たとえば、湯灌の仕事で大きなポイントとなる、ご遺体の重さとの格闘である。この仕事に就く前、私は人は死ねば重くなると信じていた。しかし、それは誤解だった。介護入浴サービスで抱えた寝たきりの老人と、長期療養の末に亡くなられた老人とでは、重さに大差はない。というより、体重が四十キロなら、生きていようと亡くなろうと重さは四十キロであるということだ。

湯灌を始めて感じたのは、それよりも亡くなるまでの環境の違いからくる体重の差だった。長期間食事をとることなく、体につながれた何本ものチューブを通しての点滴だけで生きていた方は、やはり軽い。これに対し、体の大きさ自体は似たようであっても、現役ばりばりで働いていて、急死した方の遺体は重たい。

脳溢血や心筋梗塞で亡くなった方の場合、老人ではあっても、体重が七十〜八十キロにもなる偉丈夫がおられる。私は膂力《りょりょく》には自信のあるほうだが、体重がここまであると、さすがに私たちペアでは持ち上げることができない。しかし、持ち上げなければ、湯灌は始められない。

では、どうするか。私は、当初から、躊躇なくご遺族に声をかけ、手伝っていただく方法をとった。

死去の知らせを聞いて集まってきたご遺族の皆さんは、どなたも皆気落ちしている。しかし、男性たちの場合は、気落ちしながらも、神経がピンと張っているものらしい。一声かけると、男性の誰もがぱっと立ち上がり、手伝ってくださる。そのことは、現場を重ねるにつれ、度重ねて経験してきた。

文字どおり力を合わせて、故人を一緒に抱える。このことがあると、逆さ水の儀式に入った段階で早々と気持ちの通い合いが感じられるようになる。これまた、想像もしなかった発見だった。

そんなことがあって、私は、遺族を単なる受け身の立場にするのはやめよう、できるだけ旅立ちの儀式に参加してもらおうと考えるようになった。湯灌サービスにおいては、遺族とのコミュニケーションも非常に大切な仕事なのだ。共同経営者であるカミさんともそのことを度々話し合い、いまでは仕事に対するそういったスタンスをわが社のポリシーにしている。

清めの塩はまかない

一体感を求めるといっても、ご遺族に甘える気持ちは毛頭ない。湯灌のプロであり続けるために、ご遺族の前で常に注意を払っていることはいくつもある。

その第一のものは、裸のご遺体がご遺族の目に入らないようにすることである。これには、相当に気を遣う。一緒に暮らし続けた家族ではあっても、裸の故人を見たくはないというのが遺族心理だろうし、参列する他人に見られるのはさらに嫌だというのも、同じだろうと思うからである。

私は、この仕事に入ったあとになって、二親を亡くした。その葬儀のとき、慣れているはずなのに、やはり両親の裸体は見たくなかった。他人に見られるのも嫌だった。

だから、着物を脱がせるとき、洗体するとき、仏衣をつけるときなど、裸体が遺族の目にふれる可能性のある作業では細心の注意を払っている。綿詰めや口腔清浄の際、遺族に離れてもらうようにしているのも、同じことである。

もう一つ、経験を重ねるにつれて、自分に言い聞かせていることがある。それは、妙な言い方になるが、てきぱきと事務的かつ機械的に作業をしてはいけない、ということである。

葬儀の場の心理というのは実に微妙なもので、たとえば祭壇の備え付け作業一つにしても、あまりに手際よくやると、遺族には「仕事が雑だ、いいかげんだ」と感じられがちである。ましてや、こちらはご遺体そのものにふれる。あまりに段取りよくしすぎると、肉親が粗末に扱われているような気持ちを与える結果になるだろう。

私たちが「死化粧」や「死装束」といった言葉をつとめて避けているのも、同じ理由からである。昨日まで生きておられた方といま静かに横たわっている方とのどこが違う？　同じ方ではないか。そういうスタンスでご遺体と向き合おうと心しているのである。

「お清め」にしても、そうである。私たちがこの言葉を口にすることはまずない。

なぜかといえば、「清める」という言葉は、その前提として「穢れ」があることを意味する。穢れを清める。亡くなった方のことだとはいえ、他人がそんなことを口にしていいとは思えない。

実際、逆さ水のときなど、これは何の意味があるのですか、なぜこのようなことをするのですかと、遺族から尋ねられることがある。そのときでも、私たちは、

「お清めの儀式です」

とは絶対に答えない。代わりに、こう言う。

「生まれたとき、人は産湯をつかいます。今日、この方はこれから旅立っていかれ、再び生まれ変わられることでしょう。ですから、これには逆さ産湯の意味があるのです」

これには、異論を持つ方もあるだろう。だが、これが私たち夫婦が経験を積み上げた結果として編み出した流儀なのだ。

私たちは、仕事を終えて帰宅しても、清めの塩をまいたりはしない。これは、開業のときから一貫している。

感謝される喜び

帰宅の話になったところで、退出についても述べておこう。

納棺がすめば、湯灌師の仕事は完全に終わりである。私が仕事のしめくくりとなる挨拶をするのも、このときである。

「ご納棺の儀は、これで終了いたしました。大変ご無礼をいたしました」

この最後の挨拶は、納棺された故人に向かって述べる。裸にしたり、体に触れたり、口を開けたり、綿を詰めたり。これらの作業は、遺体をいじくりまわすに等しい。そのことへのお詫びを「ご無礼をいたしました」の一言に込めて述べ、葬儀の場を退出したい、というのが私の気持ちなのである。

ついでながら、これは私個人の流儀だが、納棺の際はご遺族全員に合掌していただくとともに、私自身が鈴《りん》をチーンと鳴らすことにしている。そして、呼吸を止めて一息あるいは二息といったあたりだろうか、合掌の頃合を見て、再度鈴を鳴らす。

仕事が終わった湯灌師は、もう葬儀の当事者ではない。邪魔者である。湯灌の作業についてはスピーディーさを戒めている私だが、その後の作業は逆。動きをスピードアップし、てきぱきと片づけをする。

女性パートナーの担当は化粧品類や小物の片づけ。かたや、私は濡れたタオルなどをビニール袋に入れ、さらには浴槽の水を抜き、素早く拭きとって引き上げる。浴槽から抜いた水は、ご喪家の下水に流すようなことはしない。すべて車のタンクに入れて持ち帰り、消毒液で消毒をしてから社で廃棄する。

そんなふうにして装備一式を湯灌車に積み込む作業をしているとき、不意にご遺族が出てきて、私たちに駆け足で近寄ってこられることがよくある。湯灌の一部始終に感激されたのだろう、なかには私たちの手をとって涙ぐまれる方もある。自分がいい仕事に就いているという満足感が湧いてくるのは、こんなときである。人様の評価とはありがたいものだ。

湯灌の世界に入って十年あまり、独立してからも丸八年になる。私は、この仕事に就いてよかったと、近頃ますます思うようになった。世の中にある仕事は無数だが、人に手を握られて感謝される仕事は、そうそうあるまい。

第三章
記憶に残る特別なご遺体

棺桶が踊る

私たちが湯灌サービスで出会う多くのご遺体は、自然死によるものである。それも、病院で亡くなり、ご自宅に帰って葬儀というケースが、比率的には最も高い。

ただし、一口に自然死といっても、遺体の様子はさまざまだ。長期間入院され、体につながれたチューブを通して点滴で生き延び、最後に力尽きた方もあれば、つい今朝までは元気いっぱいで普通に食事をしていたのに、突然の発作で人生を終えたという方もある。

葬儀の世界では、古くから

「真夜中に棺桶の蓋が突然ガタガタと音を立て、踊り出した」

という話が、いわばミステリーじみたエピソードとして伝わっているが、これは実は本当に起こりうることである。事実、私自身も経験している。

はじめて経験したのは、昼間の湯灌のときだった。湯灌自体はとどこおりなく終わり、私は家に引き上げてのんびりしていた。すると、深夜になって電話がかかってきた。

「棺桶が音を立てている。すぐに来て、何とかしてくれないか」

私は家を飛び出て、喪家に向かった。着くと、電話で聞いたとおりだった。

しかし、当然のことだが、これは遺体が「生き返った」わけではない。この方は突然死だった。そのため、内臓の内部に多量の残留物があった。それらの残留物が次第に腐敗を起こし、腐敗が進んで大量のガスを発生。腹部が異常に膨れて、棺桶の蓋を押し上げたのである。

生命活動が停止しても、人間の体内ではガスや腹水（体液）が発生し続ける。これらのガスや腹水は、誇張でも何でもなく、これほどまでとびっくりさせられるほどに腹部を膨れ上がらせる。

脳溢血や心筋梗塞などによる突然死のときだけではない。自殺された方の場合にも起こりがちである。死に至る原因が異なるだけで、自殺もまた突然死なのだから、当然といえば当然ではあるのだが。

棺におさめた遺体には、顔の周囲や胴体の上にドライアイスを平均して一五キログラムほど入れる。これで普通は二十四時間はそのままの状態で保存できる。つまりは、棺中の遺体はすべて冷蔵状態にあるのだが、それでも腹部が膨れるときは膨れるのである。そうして、私は呼び出されることになる。

私が駆けつけると、ほとんどの場合、遺族はただおろおろしている。そして、早く楽にしてやってほしいと私に懇願する。遺族には遺体が苦しんでいるように感じられ、気が気ではなくなっているのだ。

私はすぐにその場で処置を行う。このとき役に立つのは動物用の太い注射針だ。膨れ上がったご遺体の腹部に、その針をぶすっと刺す。すると、とたんにシューッという音が聞こえ、ガスが噴き出してくる。このときの臭いはかなり強烈である。

膨れた腹部は、内圧が高くなっている。だから、注射針を刺せばそれだけで自然に噴き出てくるのは、腹水についても同じである。ただし、腹水の抜き取りの場合はその針に極太の注射器を装塡する。そしてこの腹水の抜き取りは、内圧に任せるだけでは作業は終わらない。お腹に手をあてがって、押す。これを場所を変えなが

ご遺体に現れる現象

	時間経過	現　　象
早期に現れる現象	死　亡	顔から血の気がひく（血液が低位置へ移動し始める）。
		体温が降下し始める。
	約3時間	死後硬直が発現し始める。
		死斑が発現し始める。
	約20時間	死後硬直が強度になる。
		死斑が定着する。
	約24時間	皮膚の乾燥が明らかになる。
腐敗現象	約48時間	死後硬直が弛緩する。
		腐敗臭を感じる。
	約72時間	死斑が鈍くなる。
		腐敗性の変色が発現する。
		腐敗網が出現する。
		腐敗ガスによって身体が膨張する。
		腐敗水疱が発現する。
		腐敗水疱が剥離し、体液が浸出する。
		鼻・口から出血し始める。
		顔の表皮から血液が浸出し始める。
		眼瞼から血液が涙様に流れ出す。

ら繰り返す。

それだけではなく、いったん噴出が止まっても、二か所、三か所と場所を変えつつ注射針を刺し、同じように腹部を押し続ける。そのような繰り返しを通して抜き出せた腹水が、バケツ一杯ほどもあった、というのも珍しいことではない。

それでは、その作業の結果、ご遺体はどうなるか。

腹は見事なまでに引っ込み、ぺちゃんこになるのである。

引っ込んだお腹を目にした遺

族は、

「ああ、お父ちゃん、やっと楽になれたねえ」

と安堵の声を上げ、それから故人に向かって語り続ける。

私は、そんな場面にこれまで何度も立ち会ってきた。

風呂での突然死

腹部が膨れた遺体では、詰め物をしてある鼻や口からも体液が出てくることが多い。当然だが、私はこれらの部分についても再度ケアを行う。消臭剤も適宜使う。できるかぎり生前に近い姿で送り出したい、通夜の席で最後の別れを希望する客にもきれいな故人の姿を見てもらいたいというのが、遺族共通の切なる願いである。私はそのためにできるだけのことをしたい。

ところで、いま言った腹水の事例は、あくまでもご臨終時に誰か立ち会う方がいたり、自殺後の発見がすみやかだった場合にかぎられる。孤独死、あるいは自殺からの発見が数日遅れた場合は、腐敗が全身に進行している。自殺の場合、三日以上が経過したらもうだめである。

腐敗が全身に進行すると、どうなるか。胴体はもちろん、顔も腕も脚も腐敗ガスでパンパンに膨れあがってしまう。そうなると、人相の見分けすらつかなくなる。この状態を、専門用語では「巨人様観」という。

こうなってしまうと、湯灌や化粧どころではない。うっかり触れようものなら、触れたその箇所から遺体がたちまち崩れてしまう。葬儀に向けて、一番厄介な遺体である。

最近になって、風呂場での突然死が増えてきた。浴槽の外で倒れた場合は、遺体の傷みは少なくてすむ。しかし、浴槽の中で亡くなると、温度が高いために腐敗が急速に進む。家人全員が先に眠ってしまい、最後に風呂に入った方が亡くなった場合は、どうしても発見が遅れ、姿が変わってしまう結果になる。

日本の浴槽は欧米に比べて深い。そのため、入浴時に溺死する数は欧米諸国の数十倍ともいわれる。

風呂場で溺死した遺体は、崩れやすい状態になっていることが多い。浴槽で溺死する危険は、独り暮らしの老人の場合も同じである。しかも、最近では湯の温度が自動調節される風呂が増えていて、この種の風呂の浴槽では腐敗がより早く進む。全身が低温火傷《やけど》のごとく暗褐色に変色してしまうこともある。

もっとも、発見が遅れた場合は、まずは警察の出番になる。だから、私たちが発見遅れの遺体を浴槽から運び出すことはまずない。私たちは、検死後に警察からまわされてくる遺体を葬儀社で待ち受けることになる。そして、遺体が着いたら、処置をする。

処置の第一は、水分の始末である。遺体は、たっぷりと水分を含んでいる。まずは、新聞紙を使う。遺体が崩れることのないよう、そっとくるむようにして全身に幾重にも巻き、水分を吸い取る。次には、これまた細心の注意を払いながら全身に包帯を巻いていく。さながら「ミイラ男」とでもいった見かけになってしまうが、包帯なしでは腐敗が進み、遺体が崩れてくるのだ。

包帯を巻き終えた遺体に仏衣を着せると、いよいよ納棺となる。湯灌師の私が

「湯灌をしない」仕事の一つがこれで完了となる。

首吊りするならロープは細めに

私たちが扱うご遺体は、その約二割が自然死ではないもの、いわば特殊事例に属する。死因から見れば、事故死、自殺、殺人、行き倒れ、孤独死といったところだろうか。外国人の死者もこれに含まれる。

このうち、世の中の姿がそこからすけて見えるのが自殺だ。

自殺といっても、首吊り、焼身、服毒、飛び降り、ガスといった具合にその形はいろいろだが、最も多いのが首吊り。私たちが扱う範囲で見ても、年間に二十〜三十体はある。

二〇〇三年のわが国での自殺者は三万四四二七人という、警察が公表したデータがある。そのうち、男が占める比率は七二・五％。不況が長引くなか、中高年の男たちが自ら死を選ぶケースが増えていることが、誰にでもわかる。

自殺のことは、葬儀の現場や業者との会合などでもよく話題にのぼる。

どこまで裏づけがあるかは別だが、私の知るところでは、男は銀行からの借金だけでは死なない。銀行からの融資が見込めなくなって別の金融業者からの借金がかさみ、最後には持ち家を手放す。そして、死ぬ。そう、男は「家を失うと、死に追い込まれる」のである。

私は、冗談半分でこんなことを言っているのではない。家を手放すまでは、私自身が経験したことだ。私は死ななかったが、死を考える男たちの気持ちは痛いほどよくわかる。家を売り払うしかなくなったとき、同時に家族関係も危機を迎えているはずである。先の見通しなど全くない暗黒状態だから、家族離散となるのも早い。これによって、本人の精神も極限まで追いつめられる。そうして、男は自ら死を選ぶのだ。

日頃、私はこの種の話題にはなるべく深入りしないようにしている。それでも、耳に入り、記憶に残るのは、私が彼ら男の自殺者たちに自分の分身の存在を感じているせいかもしれない。ただし、私が実際にできるのは、彼らの遺体の湯灌をとどこおりなくすませることだけだ。

首吊り遺体の処置でポイントとなるのは、首に残ったロープの跡である。

最後のお別れのときに首の跡が目立つようでは、遺族はたまらないだろう。だから、私たちは可能なかぎりの手を尽くして、首の周りに残ったぎざぎざを見えないようにする。

といっても、人の全体重がかかったロープの跡だ、化粧で隠せるようなものではない。隠すことは最初からあきらめ、遺体の安置の仕方に一工夫を加える。まずは、通常よりも高い枕をあてがう。これによって顎をぐっと手前に引き降ろせるから、首の前の部分は目立ちにくくなる。

また、首の横の部分については、飾り綿などをU字型にまきつけ、物理的に隠してしまう。不自然に思うかもしれないが、たいていの人はそれが葬儀上の儀礼だと思うはずである。

ついでながら、首吊り自殺を考えている方に一言いいたい。

首吊りをすれば、自分は死ぬ。しかし、あとに残される家族がいるのだから、せめて家族の気持ちを思いやり、ロープは太めのものではなく、できるだけ細いものを選びなさい。細めのロープなら、首の跡も目立ちにくくなる。それに、太いロープの場合は死後に苦悶の表情が残ることが多いし、顔もまたどす黒く変色し、大きく腫れ上がってしまうことが多い。

死後のことまできちんと配慮してこその大人の人生ではないか。

首吊りまでの道筋

首吊りの場合は、私自身が現場まで呼ばれることが多い。

現場が住居であれば、周囲の様子を眺めるだけで故人の気質やら生活ぶりやらが想像できる。経済的な状況だって、ある程度の見当がつく。

これまで経験してきた中で、最も印象に残っている現場がある。

それは、まだ三十代、離婚して独り暮らしをしていたという男性のケースだった。

呼び出しを受けてマンションの部屋まで行くと、男性はすでに下ろされ、床に寝かされていた。

そのそばには、テーブルがあった。テーブルからふと視線を上げると、天井にはフックが埋め込まれていた。そうか、あのフックにロープをかけたのか……そう思ってまた視線を落とすと、床の上に電気ドリルがあった。さらに、その横には開けたばかりの真新しい段ボール箱。どうやら、ホームセンターか何かで買ってきたばかりと思われた。

死に至るまでの道筋が見えてくる。

マンションの部屋には鴨居がない。これでは首吊りには不都合だから、男性はコンクリートの天井にフックを取り付けることにした。それで、彼はフックとドリル、それにフックをねじ込む鉛の雌ネジ（カールプラグ）、その雌ネジの外径に合う太さのストーン・ドリルの歯を買って、帰ってきた。

その後の手順についても、あらかた想像がつく。箱を開き、ドリルの先に歯を差し込んできっちりと締め、天井に穴を開ける。その穴に雌ネジを叩いて埋め込み、フックをしっかりとねじ込む。それからロープをかけて、彼は最期の瞬間に臨んだのだ。

「人間、やるときはやるもんだ」

葬儀社のスタッフとその場で話をした。

「これだけのことをきちんとやるだけの元気があったんだよなあ。そうだったら、まだ若いんだし、いくらでも生きられたろうに」

離婚した奥さんだろう、タンスの上にウェディング・ドレス姿の女性の写真が飾ってあった。微笑んでいた。仕事中の私は、何を見ても感情が揺れることはほとんどない。だが、このときばかりは、少しだけため息をついた。

死後硬直は本当に硬い

湯灌は遺体についてのある程度の知識がないとできない仕事だが、現場で学ぶこともまた多くある。

死後硬直のすごさを身をもって知らされた、こんな例がある。

温度との関係や個人差があって必ずしも一定ではないが、死後硬直はふつう死後四時間ほどで始まり、死後二十時間ぐらいまではどんどん硬くなっていく。ただし、そこを過ぎると遺体は緩みはじめ、のべ四十八時間ほどたつと柔らかくなる。

死後硬直の推移

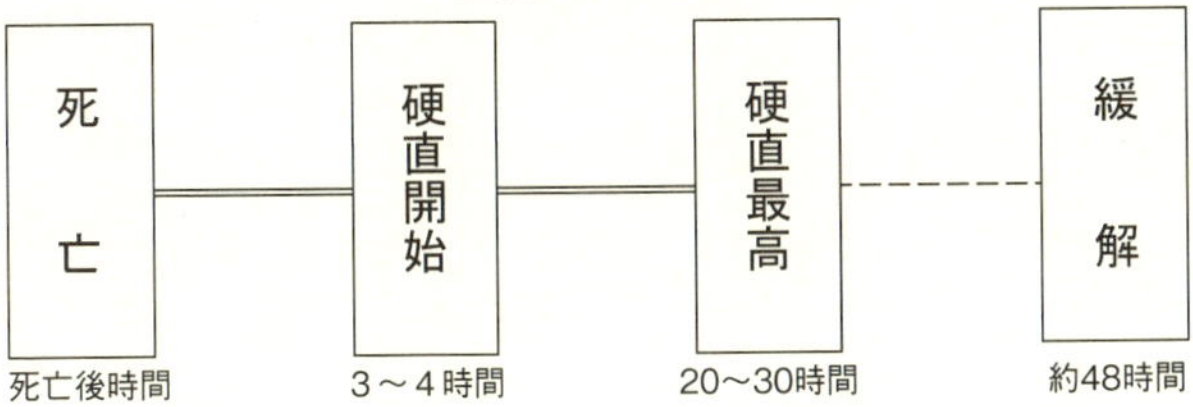

難儀したのは、やや発見が遅れた首吊り死体だった。首を吊ると、口が開いて、舌がだらりと垂れ下がることがままある。そんな遺体の死後硬直が進むと、今度は口が閉まり、出ている舌がそのまま噛まれた状態になってしまうことがある。そんな姿を目にしたら、遺族は到底そのままの格好で葬儀を進めることはできないだろう。

この場合の遺体がまさにそれだった。普通の首吊りの場合は口は比較的簡単に開けることができ、出た舌は指で中に押し戻せばすむ。ところが、その遺体は、どうやっても口が開かなかった。

といって、そのままにするわけにはいかない。しようがないので、私はヤットコを歯の隙間にねじこんで開けることにした。

ところが、これがどうして、生半可ではない。男の私が両の手に力を思いきりこめ、汗を流しつつ作業しても、いっこうにはかどらない。歯が少し欠けたりして、多少の隙間はできるのだが、それまでというありさまだった。

このときは、結局は私が全身の力をこめてヤットコを駆使し、口が少し開いた瞬間にカミさんが舌を押し戻した。これで一件落着と相なったが、死後硬直のすごさにはあらためて驚かされた。

人間は、死んでなおかつ自己主張をする。おれはおれだ、と言い張る。物理現象といってしまえばそれまでだが、私にはそんな気がする。

もちろん、そのあと十時間も待っていれば、遺体の硬直は自然に緩み、自在に作業できるようになる。だが、遺族は、それまで待ってはくれない。

飛び降り自殺の遺体修復

自殺遺体でやっかいなのは、飛び降り自殺と鉄道自殺である。

私の見るところ、飛び降り自殺の仕方は男女で異なるようである。私自身が扱った範囲内でのことだから断言はできないが、男性の遺体はその多くが顔を大きく損傷している。ということは、彼らは頭からまっ逆さまに飛び降りるのだ。

これに比べ、女性の飛び降り遺体は顔の損傷が比較的少ない。異論はあるだろうが、女性は死を覚悟したそのときにあっても、自分の顔をそのままに守りたい。そんな意識がはたらくのではないだろうか。そうして、彼女たちは「足から」飛び降りる。

ところで、男女に関係なく、飛び降り自殺の遺体は、脚が骨折し、大きく曲がって骨が飛び出ていることが多い。曲がったままでは、遺体を棺におさめることはできない。したがって、葬儀もできないことになる。

というわけで、まずは骨折の修復が第一の仕事になる。修復といっても、もちろん治療ではない。要は、真っ直ぐにさえなればいい。そこで、いささか原始的だが、添え木をあてて、脚が伸びた状態にすることになる。添え木には木材はもちろん、発泡スチロールや厚手の段ボールなどを使い、脚を固定する。

次に、頭である。たとえ足から落ちたとしても、相当な高さからの飛び降りだから、その勢いで当然頭部が路面に激しく当たる。現場の様子をざっと眺めただけでは、出血はわかっても頭部の損傷には気づかないことがある。しかし、実際には頭部が陥没していることがほとんどである。陥没までいかなくても、十中八九はひびが入っている。その修復もまた、私の仕事となる。

比較的最近のことだが、飛び降り自殺の連絡があって、急行した。遺体はすでに葬儀社に運びこまれていて、そこで急ぎの作業を行うことになった。

故人は七十代の男性だった。遺体のかたわらに、ビニール袋があった。その中味は、頭から飛び出た脳味噌だった。私は頭蓋骨を調べた。本当に空っぽだった。

こうなれば、やるべきことは決まっている。私はゴム手袋をつけ、空になった頭蓋骨に手を入れた。左右の目玉が、それぞれ、片方は飛び出し、もう片方は凹《へこ》んでいた。私はまず目玉の修復から始め、出た目玉は引っ込め、凹んだ目玉は押し出した。

次は、頭蓋骨。顔全体を生前の状態にできるだけ近づけるため、ばらばらに割れている頭蓋骨上部の細片を組み合わせていく。私は骨片の一枚一枚をジグソーパズルのように組み合わせ、蓋をした。そして、傷口を縫い合わせて包帯を巻きつければ、とりあえず作業は一段落である。

ただし、損傷の激しい飛び降り自殺の場合、どれだけ手を尽くしても、生前に近い姿というにはやはり無理がある。遺族なら、なおさらそう感じるだろう。このときも、遺族に向かって「どうぞご対面を」とは言いにくいというのが、私の実感だった。それで、遺体の様子の概略を遺族に伝えてもらい、判断していただくことにした。

自殺死体の場合は、遺族による身元確認が欠かせない。しかし、遺体の様子を伝え聞いた奥さんと娘さんは、とても対面する勇気はないとのことだった。結局は、息子さん一人が勇気を奮い起こしてくれ、私が整えたご遺体との対面を行い、ご本人であることを確認してくれたのだった。

不思議な鉄道自殺遺体

私は、いつもご遺体をできるだけ生前の姿に近づけ、最後のお別れがとどこおりなくできることを願いつつこの仕事をしている。それは、自然死だろうと事故死だろうと自殺だろうと変わらない。

しかし、はじめからその願いをある程度捨ててかからなくてはならない場合もある。鉄道自殺だ。

飛び降り自殺の遺体は相当にひどいことが多いが、鉄道自殺はそれをさらに上回る。特に、飛び込みの場合、遺体は瞬時に引き裂かれてばらばらになり、肉片や内臓、脳味噌などが線路とその周辺に飛び散る。それらは駅員や警官、葬儀社の社員などの手によって炭ばさみや割り箸を使い、一つ一つ拾い集められる。

私たちの仕事は、ご遺体がある程度生きていた日の形状をとどめていることが前提となる。だから、飛び降りもそうだが、鉄道自殺では、私たちが現場へ行くことはない。行ったところで、何もできないのである。

話だけはいくつも耳に入ってくるが、飛び込みで生じた肉片は、線路脇のフェンスにまで飛び、ネットにこびりついてしまうことがあるという。気候が穏やかな時期ならまだしも、遺体の収集作業が行われるのは、炎天下のこともあれば、蒸し暑い梅雨時のこともある。つらい作業だろうことは、誰にだって想像がつく。人はいろいろな理由があって自殺に向かうが、こういった他人に迷惑を及ぼす死に方はぜひともやめてほしいものだと思う。この事実を知る鉄道関係者は、万一自殺する事態になっても飛び込みだけはしない、という言い伝えがある。ジョークかもしれないが、そうだとしても、ほろ苦いジョークである。

本来の湯灌サービスができる鉄道自殺はほとんどないが、それでも私たちがご遺体を扱うことがまったくないわけではない。その中には、印象的なご遺体もある。私がこれまで直接扱ったなかでは、レールを枕にして横たわり、電車に轢《ひ》かれて亡くなった男性の遺体がいまも記憶に鮮やかに残っている。

身長は百八十センチ強。「やの字」の職業の方で、大柄な体軀には刺青《いれずみ》が彫られてあった。どんないわくがあったのかは知らないが、いうまでもなく「覚悟の自殺」である。

一目見ただけであっと驚きの感情が走る、不可思議な遺体でもあった。

電車の車輪が直接通過したのだろう、頭はちょうどおでこのあたりで二つに切断されていた。鋭利な刃物でスパーンと切られたような感じだった。

同じように、脚もふくらはぎのあたりで二つに切断されていた。要は、頭部と脚との距離が、線路のレールの幅だったということである。そして、こちらも切り口は鮮やか。切られたふくらはぎの断面はロースハムのそれのようで、

「電車の車輪というのは、これほどまでに鋭く体を切り捨ててしまうのか」

と、あっけにとられた。

しかし、ぼんやり見とれているわけにはいかない。私は、仕事をしなくてはならない。

二つに分離した頭蓋骨は、当然ながらその中身を失っていた。目玉や鼻も、本来の位置から大きくくずれている。私はまずは空っぽの頭蓋骨に片手を差し入れ、もう片方の手は頭蓋骨の外側にあてて、目玉と鼻をしかるべき位置にもどした。ついで、二つに分かれた頭蓋骨の位置を合わせてとじ、縫合してから包帯を巻いた。

次が、脚。これまた片方ずつ切り口を合わせてから縫合。包帯をきっちり巻いて、処置終了となった。

自然死の場合とは比較にならないのは事実だが、それでも葬儀に耐えられる状態

にまでは修復できた。

ご遺体と一緒に風呂に入る

「刺青」といえばもう一件、ある日、葬儀社の担当者に「皮を保存できないか」と言われたことを思い出す。何の話かと詳しく聞けば、「うちの人の刺青には半端じゃない金がかかっている。だから、皮膚をはがして残してもらえないか」と、その人物の奥さんから依頼されているのだという。

ご遺体を見れば、なるほどこれがいわゆる「総刺青」なのだろう、二の腕から足のくるぶしの上にいたるまで、それこそ体中に観音様や登り龍が彫り込まれている。素人目で見ても、圧倒されるような迫力だった。浅草でその名を言えば「超」の字がつく著名な彫り師の作品とのことも聞いた。「剝製」という言葉が一瞬頭の中でひらめいたが、まさか人体を剝製にするわけにもいくまい。結局は、ご遺体の表も裏も写真で残すことになった。

「やの字」の方関連では、こんなこともあった。家を新築し、大きな風呂をつくったのだが、せっかくの風呂に入る間もなく亡くなった。何としても一度入れてあげたい、という依頼だった。

私は、よしっ、三助をやってやろうじゃないかと思った。そして、引き受けた。実際には、私が黒のパンツ一枚の姿になってご遺体と一緒に風呂に入り、浮いてくる体を抱いて支え、その間に奥さんと娘さんが顔や手足を洗った。まさしく、前代未聞の体験だった。

薄皮一枚の下に蠢《うごめ》く蛆

特殊な死に方をした遺体には、「臭《にお》い」の問題がつきまとう。

この仕事を始めた当初、私は臭いを意識することはなかった。目の前の仕事をそつなくこなしていくことに精一杯で、臭いを感じる余裕すらなかったのだろう。それが一週間ほど続いた。

どうやら作業に慣れてきて、やっと臭いの存在に気づいた。ただ、それもじきに慣れてしまった。それに、その頃扱ったのは、もっぱら自然死によるご遺体だったたということもある。

そもそも、自然死で亡くなった方の遺体の場合は、臭いといっても、程度は知れている。一般の焼香客として葬儀に参列したときのことを思い浮かべてもらうといい。臭いが気になることなど、ほとんどないはずである。

ところが、異常死の場合はそうはいかない。ときには、いろいろな死に方をした遺体にさんざん出会ってきたはずの警官や葬儀社の社員、さらには私たち湯灌師でさえ、これはさすがにまいったというお手上げの状態になることがある。

数日間放置されていた孤独死が、その典型である。

実際、私が出会ったケースでは、何よりもまず臭いだった。

そのときの私は葬儀社の社員と一緒だったが、遺体のある部屋に入るなり、二人同時に声を上げたものだった。

「うわ、ひでえな。臭え、臭え」

こういうときは、我慢することなく、大声を出してしまうのがいい。そのことによって、多少なりとも臭いに耐えることができるようになる。

遺体は、パンパンに膨れ上がっていた。腕はまるで丸太のようだった。腐敗ガスもあるが、それだけではない。

体内に大量の蛆《うじ》がわいていて、その蛆のせいで膨れていたのである。

いつか読んだミステリー小説に「その死体は全身が蛆で覆われていた」という描写があり、それが死体と蛆についての私の原風景とでもいうものになっていた。ところが、実際に見た遺体は、それとはまるで違っていた。

蛆は、確かに大量にわいている。蛆だらけという表現が、オーバーでも何でもない状況だった。ただし、蛆たちは、遺体の外には出ていなかった。皮膚の薄皮一枚と筋肉との隙間。蛆たちはそこに密集して、蠢《うごめ》いていたのだ。

皮膚の表面の皮というのは、実際には本当に薄いものである。だから、蛆たちは透けて見えた。気持ち悪いというより、なぜ薄皮を破って出てこないのかが不思議だった。

もちろん、すべての蛆が皮膚の内側にいたわけではない。目や鼻、耳、そして口の近くには、外まで這《は》い出たたくさんの蛆がいた。そして、強烈そのものの臭い。

私たちは、消臭スプレーを部屋中に散布した。蛆で膨れた遺体にも吹きかけた。吹きかけると最近の業務用スプレーは、非常に優秀で、さしもの腐敗死体の悪臭もおさまっていった。

そして、あらためて遺体を見ると、とても化粧だとか包帯を巻くだとかいった状態ではなかった。うっかりさわると、たちどころに崩れる。崩れるというより、とけて流れる。そんな状態にまでなっていた。

結局は何もできないことがわかり、私と葬儀社の社員は布団ごと遺体を持ち上げ、防水の納体袋にそっと流し込むようにして移し入れた。それから、二人して納体袋を持ち上げ、今度はそのまま棺におさめた。

蛆の始末はしなかった。納体袋にはドライアイスが入れてあり、密封すれば蛆は冷温で動かなくなる。いや、そのほとんどはドライアイスが発する炭酸ガスで火葬までには窒息死してしまう。

ついでながら、納体袋の防水布は欧米などの土葬文化圏で発達したものだ。また、朝鮮戦争からベトナム戦争、湾岸戦争へといたる現代の戦争の歴史の中でより多く使われるようになり、改良もされてきた。エンバーミング同様、戦死者を本国に送還するために必要とされたからである。

ただし、土葬文化圏の産物だから、燃やすとどうなるかまでは考えられていない。素材に塩化ビニールが用いられている点だけを見ても、それがわかる。八〇年代に急速に注目されたように、焼却場で生ゴミと塩化ビニールを低温焼却すると、猛毒のダイオキシンが発生する。それで、火葬文化のわが国では、現在は環境に配慮し、レーヨン系の防水素材が使われるようになっている。

臭いにはまいったが、納棺すると、作業はほぼ終わりだった。

部屋にはまだ蛆があちこちで蠢いていたので、そいつらを箒でかき集め、ゴミ袋に入れ、そしてその日の作業は本当に終わったのだった。

焼死体に化粧をする

どんなに遺体がひどい状態であっても、自殺や孤独死はご本人に責任がある。孤独死はお気の毒ではあるが、他人との交渉を絶ったも同然の生活を続けていれば、自分の死が知られないことがありうるのは、ご本人も承知の上だろう。はじめからそのことを覚悟している人もいるはずだ。

ところが、事故の場合はそうではない。元気に生き、仕事に遊びに精を出していた人物が、突然の不運に遭遇。自分の将来を失ってしまうのだ。しかも、事故による遺体は、損傷の激しいものが少なくない。

私が扱ったなかでは、建設現場で亡くなった作業員の方のことが真っ先に浮かぶ。クレーンのアーム部分が頭を直撃。その結果、頭のおよそ半分が瞬時に吹き飛ばされた。

バイクで交通事故を起こして死んだ若い男性も、記憶に残っている。バイクもろとも大型トレーラーにはさまれ、ぺしゃんこにつぶされた。

こういう仕事をし、こういう遺体を度重ねて見ていると、現代とは自分がいつどんなときに生命を失うことになるか、全く予測のつかない時代なのだなと実感する。そんなことはわかっている、という方も多いだろう。だが、悲惨な事故死体を自分の目で見てみるといい。たいていの人は、恐怖ですくみあがるはずである。

遺体について悲惨な状態という場合、そこには二つの意味がある。飛び降り自殺のように、変形してしまった遺体を修復しなくてはならないという場合が、その一つ。もう一つは、外形ではなく、肉体が内側から変質してしまっている場合である。自殺でいえば、ガスや農薬による自殺がそうだ。たいていの遺体は、顔から何から、体全体が青黒く変色している。このままで最後のお別れをするのは、遺族にとっては耐え難いだろう。しかし、いくら化粧をほどこしても、変色を隠すことはできない。

細かい作業が必要とされるのが、焼死体である。焼死の程度はさまざまで、遺体が完全に黒く炭化してしまっていれば、最初から手のほどこしようがない。しかし、実際には窒息して死にいたってから火傷を負ったという方が多い。

そうした遺体は顔が焼けただれているので、表皮の傷んだ箇所、火ぶくれを起こしている箇所を一つ一つピンセットでつまみ、丹念にはがしていく。これはもう、いやになるほどの根気のいる作業だ。

ところが、火傷というのはなかなか意地悪なのである。遺体は均一に火傷を負っているわけではない。いくらやっても、皮膚の状態のためにピンセットではがせない箇所がある。そのため、顔は結果としてまだらになる。他の部分ならともかく、顔がそうでは、葬儀にさしつかえる。しかたがないので、まずははがせるだけはがし、そのあと演劇の役者が舞台に出るときに使うファウンデーションを塗り、まだら模様ができるだけ目立たないように色を整える。

焼死の場合、私たちにできるのはここまでである。ご遺体の間近にまで近づけば、不具合は目立つ。それで、この種のご遺体の場合には、ご遺族には遠目で見ていただくことにしている。

ご遺体はこうしてやってくる

人が死ぬ原因はさまざまである。病死、事故死、自殺、他殺……。一つひとつの遺体に、それぞれが死に至る事情がある。

湯灌師としての私は、それら死にまつわる事情とは関係なく死体をご遺体として引き受けるだけなのだが、それではご遺体はどのような経路を通って私のもとまで来るのかという疑問をもたれる方もあるだろう。以下、簡単に説明する。

「異状死体」という言葉をご存知だろうか。「異常」ではなく、「異状」の死体。耳慣れない用語だが、医師の診療を受けることなく、また医師の立ち会いなしに死亡した方の遺体は、法的には異状死体として扱われる。

異状死体がどのようにして生じたのかは、これまたさまざまである。犯罪にまきこまれて殺されたという場合もあれば、単なる事故死もある。自殺もある。孤独死も含まれる。つまりは、病院というルートを通過しなかった遺体は、基本的には異状死体なのである。家庭内で起こった突然死なども、これに含まれる。

例えば、朝が苦手な青年が、やっとのことで寝床から這い出て、キッチンに入ったとしよう。すると、キッチンには料理の匂いが全くない。それどころか、いつも早起きをして朝の支度をする母親の姿がない。

不思議に思った青年は、母親の寝室に行く。すると、母親はいつもの布団に静かに横たわり、しかし息を失っていた。……これが異状死の典型的な例である。

このような異状死が発生すると、たいていは警察に通報が入る。異状死体と認定された死体は警察の管理下に置かれ、死体の状況が確認されてのち、検視と検死が行われる。

検視とは、警察官（検視官）が検察官の代行として死体を検分することである。また、検死とは、専門の医師（監察医・警察医）が死体を検分することである。検視官は犯罪の疑いがないかなどを検分し、監察医・警察医はその裏付けをする。

検視を通じて、異状死体は、犯罪の疑いが濃い犯罪死体、犯罪の疑いが全くない非犯罪死体に区別される。そして、以上二つのどちらにも属さないものが、俗にいう「変死体」として扱われることになる。私が湯灌の仕事に入るとき、最初に手がけたのが、まさにその変死体だった。

ちなみに、監察医・警察医が死体検案書なるものを書くと、死体は葬儀の段階へ進む。家庭で生じた異状死体なら、死体は遺族の手に返され、そこから葬儀社へ連絡がいく。身元不明の死体の場合は、これまた警察から葬儀社へ連絡がいく。そして、葬儀の一環としての、私たち湯灌サービス業者の出番となるのだ。

こうした異状死に通常死を加えると、一人の人間がその生命活動を停止すること

ご臨終から火葬まで

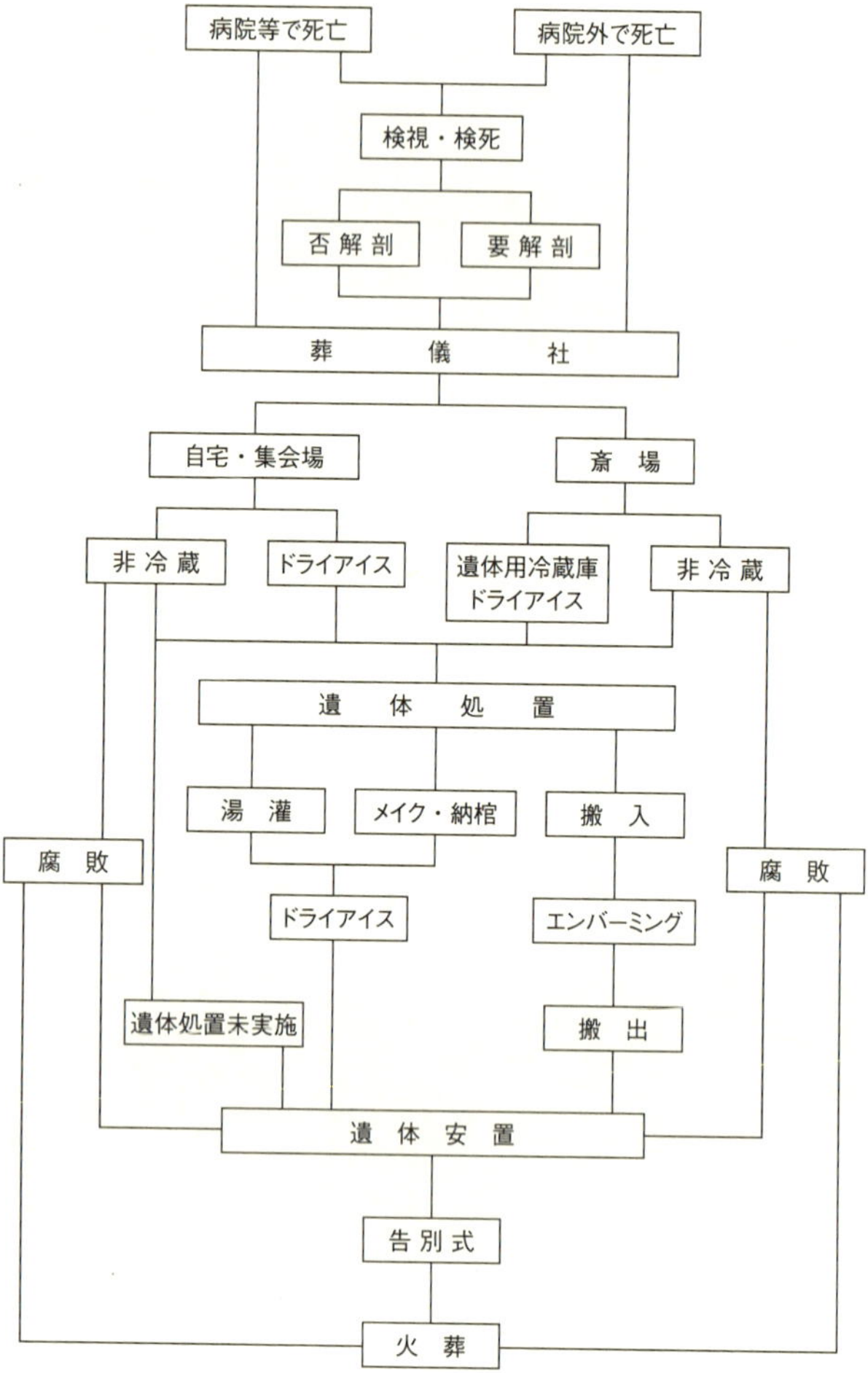
病院等で死亡
病院外で死亡
検視・検死
否解剖
要解剖
葬儀社
自宅・集会場
斎場
非冷蔵
ドライアイス
遺体用冷蔵庫
ドライアイス
非冷蔵
遺体処置
湯灌
メイク・納棺
搬入
腐敗
ドライアイス
エンバーミング
腐敗
遺体処置未実施
搬出
遺体安置
告別式
火葬

によって生じる遺体が社会のさまざまな機関を通って死因などが検証されていく道筋は、なかなかに複雑である。右の図がそれだが、私自身も一人の技術屋として遺体に深くかかわっていることになる。

イスラーム系の遺体の場合

湯灌の世界に入ったときには予想しにくかったことだが、外国人の遺体を扱わなくてはならないことがときにある。

はじめての体験は、中東から来た方だった。イランだったか、イラクだったか、そのあたりはさだかでない。とにかく、葬儀社からの連絡を受けて、私は急行したのである。アパートの一室で、成人男性の遺体のそばに友人だという人物が二人付き添っていた。死因は病死だった。

私は躊躇した。日本人で仏教徒であれば、宗派の違いに関係なく、湯灌の進め方についてはほとんど注文が出る気遣いはない。しかし、この場合の相手はどうやらイスラームの人である。葬儀のルールも内容も、当然日本のようではないだろう。

どんなタブーがあるのかさえわからない。

何よりも、していい作業としてはいけない作業の区別である。遺体にシャワーをかけていいのか。逆さ水は仏教の儀式だから論外としても、髭を剃ることはかまわないのか。シャンプーはどうなのか、化粧はどうなのか……わからないことだらけだった。しかたがないので、

「日本では、死後に湯灌という儀式を行う習慣がある」

と、付き添いの方に話しかけた。

「湯灌では、遺体を洗ったり化粧をしたりする。あなたがたのお国ではどうなのか」

返事は明快だった。われわれにはわれわれの流儀がある、だからこのあとのことは任せてほしい。考えてみるまでもなく、当然の結果だった。イスラームにはイスラームならではの方法があるにきまっている。日本の湯灌師の私が出るまでもない。

普通なら、これで一件落着である。私は仕事として湯灌をしている。湯灌ができなければ、それは仕事ではない。葬儀社の社員を残して、さっさと退散するのが筋

である。

ところが、そのときはこう考えた。イスラームの葬送の儀礼に立ち会える機会などめったにない。湯灌をしているからこそ、こういう場面にも立ち会える。ここはひとつ、じっくりと見学させてもらおうじゃないか。

まあ、正直にいえば、私は自分の好奇心をおさえられなかったのである。

私が椅子に腰を下ろすと、付き添いの二人はすぐに処理を始めた。彼らは包帯を取り出し、遺体に巻き始めた。腕に巻き、胸に巻き、腹に巻き、さらには足にも巻いていった。それはまるでいつか映画で見た、ミイラ男が目の前でできあがっていくような光景だった。やがて一心不乱の作業がすむと、遺体にはほぼ隙間なく白い包帯が巻かれた。そうして、最後に白布で全身を覆われた遺体は棺におさめられた。聞くと、遺体は本国へ送還するのだという。

後日調べてみると、同じイスラームといっても、たとえばインドネシアと中東諸国では、葬送儀礼が少しずつ異なる。宗派によっても異なる。しかし、包帯もしくは白い布を巻くのは共通で、しかも巻く前、ほとんどの国では遺体を洗体するとあった。湯灌の基本である洗体は、宗教を超えた、遺体に対する共通の思いなのだろう。

ちなみに、本国への送還といっても、遺体はすみやかに送る必要があるから、航空輸送である。遺体の航空輸送には特別料金がさだめられていて、ハワイの場合で約二十万円。中東までも、相当な金額になるだろう。あまり豊かそうには見えなかったあの二人にとっては、大変な負担だったはずだ。いまにして思えば、彼らは文化の違いで湯灌を断ったのではなく、それだけの経済的な余裕がなかったのかもしれない。

なお、新聞配達でわが家に来るベトナムからの留学生に聞いたら、かの地では八〇%が仏教徒。彼が生まれ育った町では、納棺の前に洗体も化粧もするそうである。

水死インド人のエンバーミング

外国人といえば、千葉港でインド人の船員が船から墜落して水死した。それで、葬儀社から呼び出しがかかったことがある。

荒海ならともかく、静かな港で水死とはどういうことなのかと思いつつ、遺体の搬送先へ向かった記憶がある。故人のことは知らないが、本人にとっても、これは「まさかの死」だったのではないか。

相手は当然ながらヒンドゥー。このときも、宗教の違いから、私の仕事とはならなかった。

しかし、その場にいると、海外で亡くなった場合は遺体にエンバーミングをほどこしてから本国に送り返すのがインドの流儀だ、という話が耳に入った。これを聞いて、またも心が動いた。

エンバーミングについては、それなりに知識はあった。ただし、そのすべては本を読んで得たもので、実際の現場を見たことはなかった。その意味で貴重な機会だし、むざむざ見過ごすわけにはいかない。

エンバーミングは、前にも書いたが、簡単にいえば遺体から血液を抜き取り、防腐剤液を注入する処理である。私たち湯灌師も遺体の処置はするが、それはあくまでも表面的なことに限られていて、そこまではしない。というより、許されていない。エンバーミングには資格が必要なのだ。

エンバーミングの先進国はアメリカで、渡米して研修を受け、資格を得た専門家が日本にも何人かいる。それぞれ、手術室のような大がかりな設備を持ち、仕事に従事しているのだと聞いていた。ちなみに、設備には億単位の費用がかかるとか。船員の遺体に同行して訪れると、処置台を備えた設備は、想像していたとおりの立派なものだった。

エンバーミングは、以下のような手順で行われた。

搬送されてきた遺体は、まずは別室で裸体にされる。次に処置室に移され、処置台に寝かされるが、作業の第一はスプレーによる消毒である。目や耳、口、鼻、そして陰部に噴霧される。

その後の作業は湯灌に似ていて、洗髪と洗体が行われた。そして、洗体がすむと、いよいよエンバーミングすなわち防腐処置の本番である。

防腐処置は、動脈に薬液を注入し、バキュームで静脈から血液を吸い出す。作業者はエンバーマーと呼ばれるが、エンバーマーはまず注入と排出を行うための遺体のポイントを決め、管を装着する。管から注入された薬液は、動脈を通り、体の隅々まではりめぐらされた毛細血管へと流れ込んでいく。

薬液がどんなものなのか、見ているだけでは何もわからなかった。ただし、色は淡い赤だった。いってみれば、赤い液体が赤い血液を押し出すのだ。あとで調べたところでは、薬液の主な成分はホルマリンで、それに赤い着色料を添加してあるらしい。赤い着色料を使うのは、遺体の皮膚をピンク色に染めるためである。

防腐処置がすむと、エンバーマーは遺体の腹部に専用の器具を刺しこみ、遺体内に残っている体液や血液の排出作業をする。排出が終わると、腹部の縫合が行われる。

これでエンバーミングは一通り終了。そのあとは、私たちが日頃行っている湯灌の最終作業と共通である。

遺体はついさっき脱衣が行われた別室に移され、水分が拭き取られたあと、縫合箇所が接着剤で補強される。テーピングも行われる。そのあと着付けがされ、顔の各部位に綿の詰め物がされると、あとは仕上げの化粧である。

このときは行われなかったが、エンバーミングでは単なる化粧を超えて、顔の成形が行われることがある。というより、エンバーミングの真価の一つはそこにある。成形によって、故人の顔が生前の状態にかぎりなく近づけられるからである。

私がエンバーミングについて報告できるのはざっと以上だが、防腐処置による遺体の保存期間の延長を別にすれば、その目的は湯灌と同じところにあるというのが、私の率直な感想だった。遺体を自然な形にもどして遺族に引き合わせ、旅立ちしていっていただく。それがすべてである。

ある在日韓国人の場合

近年、日本に長期滞在する外国人が増えている。

人口比との関係があって、私たち湯灌師が外国人の遺体と出会う機会はまだまだ少ない。私にしても、キリスト教の白人や黒人を扱った経験はまだない。いつか機会があれば、ぜひその場に臨みたいと思っている。死者をどう埋葬するかは文化であり、文化は国や民族によってさまざまだと思うからだ。

その意味では、一度だけ経験した韓国人の男性の湯灌は印象的だった。故人は男性で、仏教徒だった。したがって、湯灌作業そのものは、日本人の自然死の場合となんら変わらなかった。

違うのは、そのあとの納棺である。

まず、ご遺体には民族衣装のチョゴリを着せる。私には韓国の人との親しいつきあいはないから、紐の結び方など、正式な着付けはどうすればいいのか、判断しかねた。そこで、ご遺族に手伝っていただいて、というよりはご遺族に任せながら着付けをすませた。

納棺の作法にも、日本とは大きな違いがあった。日本人の場合、棺に横たわる故人をたくさんの花で飾るのは、普通に行われている。しかし、このお宅では、花だけでなく、果物を入れた。さらには、故人の枕元に白布をかけた小さな机を置き、菓子や線香立て、鈴《りん》、水などを並べて、枕飾りにした。見ると、大ぶりの生の魚までそこにある。魚のにおいに慣れていない私には、やや違和感があった。

これが韓国流の葬儀なのかどうかは、わからない。一口に韓国といっても、地域差があるだろうし、家庭それぞれの流儀もあるだろう。たまたま伺ったお宅でそうだった、というだけのことかもしれない。

ただ、同じく仏教徒ではあっても、葬儀の風習は違う。そのことだけは確かだろう。私は好奇心の強い人間だから、中国や台湾、フィリピン、ロシアといった、いろいろな国々の遺体とぜひ対面したいと思っている。

湯灌の仕事で一番つらいこと

ところで、そんな私にもできることなら避けたい遺体がある。

それは、首吊りで顔がゆがんだ遺体ではない。焼死で黒こげになった遺体でもない。飛び降りで折れ曲がった遺体でもない。蛆まみれの腐乱死体でもない。

この仕事に入ってこのかた、私は現場でたじろいだことは一度もない。どんなに悲惨な遺体でも、おびえることはない。すべては私の仕事だし、さまざまな死体に出会うのはそのバリエーションであるにすぎないと思っている。

しかし、子どもだけはだめである。

三〜五歳、可愛い盛りの子どもたちにも、死は突然に訪れる。事故だけではない。小さな子どもが心不全で急死することだってある。

葬儀社からの連絡を受ければ、子どもとわかっても、仕事を断ることはない。しかし、喪家を訪ねるのは、やはりつらい。

ついさっきまで元気に遊んでいたのに、いったい何が起こったのか。子どもを亡くされた遺族は、ただ泣くばかりである。泣き崩れて、動けない両親もある。家庭を持つ者にとって、子どもの死は最大の逆縁だ。逆縁ほど受け入れがたい、理不尽な出来事はない。私も二人の子どもを育て上げたから、年齢を聞けば、その年頃のわが子のことが脳裏に浮かぶ。だから、悲しみにくれるばかりの両親を目の前にするとやりきれない。このときばかりは、さすがの私にもこみあげてくるものがあり、泣きそうになることがある。

ただし、私は涙は堪え通す。私はプロだから、現場でのもらい泣きは絶対にしない。

そうして、湯灌は沈着冷静に行う。ただ黙って浴槽をセットし、ご遺体を乗せる。

そこまではする。

「そこまで」というのは、そのあとはパートナーであるカミさんに任せてしまうからである。幾度も経験してきて、子どもの湯灌にかぎっては、女性が担当するほうがいいとわかったからだ。遺族にとっては、自分の子にふれるのは、母となるべくして生まれてきた女性のほうが、やはりいい。心の癒されかたがちがうのである。悲嘆にくれ、泣きながらも、母親たちはそのほとんどがカミさんに話しかけてくる。誰かに何かを話さなくてはいたたまれないのだろう。

その間、私は部屋の隅に控えてそんな情景をじっと見ている。もしくは、部屋を退出して、別室で作業が一段落するのを待つのである。

湯灌は、男女がペアとなって行う仕事である。このことが最も生きてくるのが、子どもの湯灌だという言い方もできるだろう。男女一組の役割は、ただ単に力仕事と化粧を分担し合うだけではない。ときには、遺族の心のケアについての役割分担もあるのだ。

それにしても、子どもの湯灌だけはつらいというのが、私の実感である。

第四章 妻は語る

夫婦《めおと》湯灌師

私たちは夫婦共同で一つの仕事をやっている。

これは、家の中だけでなく、仕事先でも常に一緒にいなければならないことを意味する。しんどくないか。友人からそう聞かれることもある。

私の答えは「慣れ」である。そもそも、生活のためにどうしても必要だから一緒に仕事をしている。慣れることができなかったら、私たち二人は路頭に迷ってしまうことになる。

それに、私たち夫婦は、かつてのCM制作会社時代から共同経営者だった。その頃と違うのは、かつては私が社長で、カミさんが専務だった。それが逆転して、現在の湯灌サービスではカミさんが社長をつとめているという点だけである。

しかも、まあミニチュアみたいな企業のことだ、これはただ対外的な問題にすぎないといってもいいだろう。そして、仕事の依頼が入ると、私たちはスーパーへ買い出しにではなく、仕事の現場へとペアで出かけていくことになる。

湯灌の仕事は、はじめにも言ったように待ったなしである。しかも、家が会社でもあるから、家にいるときも実際には完全なオフタイムではない。依頼の電話がかかってくれば、いつでも飛び出せる用意をしておかなくてはいけないのだ。

しかし、そうは言っても、現実はなかなかその通りにはいかない。特殊な仕事をしてはいても、私たち自身はごくありきたりの生身の人間だ。食事をして満腹になれば、そのあと仕事をしたいとは思わない。まして、酒でも飲んでしまえば、仕事の性質からいっても、もう役には立たない。

ところが、そんなときにかぎって葬儀社からの電話は来るのである。

夜の九時、私はほろ酔いかげんになっている。そこへ電話のベルが鳴る。たいていは、昼間すませた湯灌のフォローに類する依頼である。ときには、よその業者がやった湯灌の後始末のこともある。

「今、お通夜の最中だけど遺体の口や鼻から体液が噴き出してきて困っている。すぐきて処置をしてほしい」

葬儀社の社員がやや悲痛な声を発する。

しかし、私は無視するように答える。

「申し訳ないけれど、私はもうすっかり酒が入っちゃってます。行けませんよ」

このときの私の気持ちを、どう伝えればいいだろうか。

今日は二か所で仕事をこなしてきた。くたくたに疲れた。それで、体にたまった疲労をぬくべく休息をとりながら、いまはかぎりなく美味しい晩酌の真っ最中なのだ。このときばかりは、誰にも邪魔されたくない。そんな感じである。

しかし、通夜の席での緊急事態だから、葬儀社だって食い下がる。

「それじゃ奥さん、奥さんに来てほしい。タクシーですぐ来てよ。往復のタクシー代もちゃんと出すから、頼むよ、頼むから来てよ」

そうまで言われては、もう断れない。疲れているのはカミさんも同じだが、よほどの力仕事でないかぎり、酔っぱらった私よりは使いものになる。結局は、カミさんが急遽出ていくことになる。

それに、カミさんは社長なのだ。ミニチュア企業だって、社長は経営の全責任を負わなくてはならない。

社員を持たず、夫婦だけで仕事をしているのは、夜の突然の依頼への対応という点では何かと便利だし有利でもある。しかし、そうは言っても、友引の前日以外はいつ出番がくるかわからない、なかなかにつらい日常生活となっている。

カミさんへのロング・インタビュー

会社の業務内容はCMから湯灌へと百八十度転換したが、私たち夫婦の会話については特別な変化は何もない。

もちろん、同じというのは雰囲気のことであって、仕事の話をしているとき、その中身は以前とはまったく違う。だが、それも、仕事が変わったから仕事について交わす話題が変わったというにすぎないのだ。むしろ、全体として見れば、現場に一緒に出かける分だけ、作業手順のことなど、共通の話題は増えたといっていいだろう。

どこのご夫婦も同じだろうが、他人が立ち入れない夫婦だけの会話というのもあれば、日々顔を合わせている夫婦だからこそ口にしない互いの思いもある。私たち夫婦も、その点は変わりがない。

私とカミさんでは、男と女の感じ方の違いもあるし、独立した個人としての性格の違いもあるだろう。それに、ここまで述べてきたことからわかるとおり、湯灌サービスの実態は「湯灌＋エンジェル・メークアップ」である。エンジェル・メークアップなしの湯灌サービスは成り立たない。ということは、仕事人としての私たち夫婦は、まさに対等の関係なのだ。

そこで、ここでは、カミさんの日頃考えていることや感じていることを語ってもらうとしよう。これまではもっぱら私の考えたこと、感じたことを中心に記してきたが、大切なパートナーであるカミさんの意見を無視しては、公平な記述とはいえないだろう。

ただし、夫婦で共同経営者とはいっても、私が聞き役になってもしかたがない。それでは、いつも家で話していることとそれほど変わらない話になってしまう。

したがって以下は、第三者つまりこの本の編集担当者に聞き役になってもらい、カミさんに洗いざらい思いを述べてもらうことにする。そして、話された内容は、そのままにてらいなく披露することにする。
念のために、隣りで立ち会った私があちこちで多少の補足をするが、それなしでも話の内容は充分に伝わるだろう。

言い出せなかったわけ

これまで十年ほど湯灌の仕事を続けてきて、最大の節目はやはり独立時だった。資金の調達などいくつもの難題を抱えながらのスタートだったが、一番の問題はパートナーの確保。幸い、カミさんが「うん」と言ってくれたから助かったが、冷静に振り返れば、そのときカミさん自身は何をどう考えていたのか。私は、いまもってそのことをきちんと聞いてはいない。

ずるいんですよね、この人は。本当にずるかったですよ。湯灌の会社を始めるって言ってから、私にはなかなか手伝ってくれって言わなかったんです。メーク担当の方が元の会社に残ってしまったとか、新しい人が見つからないとか、そんなことはときどき口にするんですけどね。私に手伝ってくれとは言わない。私としては、頼むよって直接言ってほしかったんです。そうすれば夫婦ですし、断ったりはしない。そうするだけの覚悟はあったんです。だから、こっちも意地になっちゃいましてね。向こうが頼んでこないなら、自分からは絶対手伝うなんて言ってやるもんかって、見て見ぬふりをしていたんです。

ほほう、いきなり核心をつく話になった。それも、私には耳の痛いことばかりである。

でもね、黙って見てたら資金は集めてしまうわ、湯灌車は注文してしまうわ、車の内装の打ち合わせがあるわで、どんどんどんどん事が進んでいく。それでもメークの方だけが手配できない。どうするんだって、だんだんこっちがはらはらしてきて、とうとう根負けしてしまったんです。本当にこの人、あのときだけはずるかったんです。結局は、さんざんはらはらさせておいて、それじゃあ私がメークやるわよ、って言わされてしまったんですからねえ。

反論するわけではないが、私は自分を「ずるかった」とは思わない。多少の計算はあったかもしれない。だが、湯灌は、誰にでもすすめられる仕事ではない。だから、一緒にやってくれとはなかなか言い出せなかった。

できるか、できないかという問題ではなかった。長年連れ添ってきて、カミさんの性格は知り尽くしている。やるとなったら、とことんやるだろう。それがまた不安材料の一つだった。はじめたら、もう後へ引くわけにはいかない。続けていくことは、やがては大きな心の負担になるのではないか。そんな気がしていたのである。

人間関係の変化

実際に始めてみると、思っていたほど難しい問題は起きなかった。独立当初は仕事の確保に精一杯で、振り返る余裕もなかったというのが実態だったろう。しかし、仕事を一つ一つ経験しながら、それぞれに工夫し、それぞれに技量を上げて、いつの頃からか、自分たちはまぎれもないプロだと自信を持てるようになった。

ただし、その過程で失ったものもある。ことに大きく変わったのが、人間関係だ。それも、カミさんのつきあいの範囲により大きな影響があった。男と女は、やはり違うのである。


この仕事ですか……この仕事は、本音をいえば、そろそろやめたいですねえ。できることなら、したくはなかったんですよ。子どもさんがうちの子と幼稚園、小学校、中学校と一緒だった奥さんがいて、その人とは進学のこととか、何でも話し合える友達づきあいをずっと続けていたんです。ところが、私が湯灌の仕事を手伝うって打ち明けたら、態度がいきなりがらっと変わったんです。湯灌、とんでもない。そんな仕事をする人とはもうおつきあいできません。面と向かって、そうはっきりといわれました。ショックでしたねえ。

まあ、それだけのつきあいだったのか、所詮本当の友達とはいえない相手だったんだって考えたりしましたけど、私、結構そのことは引きずってましてねえ。そのことがあるせいでしょうか。化粧品とかその他の消耗品とか買いにいって領収書もらうとき、屋号の宛先が言えなかったりするんです。だって湯灌サービスっていうと、領収書を書いていた店員さんが一瞬、え！ていう顔になってこちらを見上げるんです。それがしょっちゅうなんです。

そりゃあ、その店員さんが湯灌という字が書けなくて思わず手が止まってこちらを見上げたのかもしれないけど、つきあいを断られた過去があるもんで、ついついしんどくて説明するのがおっくうで、領収書もらわずに帰ってきてしまうなんてこともあるんですよ。

そこがこの人と違うところ。この人は、ヤカンじゃないよユカンだよ、平仮名でいいよ、なんて店員さんに明るくいうんですよ。

そんなわけで、まあできることならこの仕事から離れたいって気持ちがね、いまだにあるんです。多くのご遺族には感謝されてきてはいるんですけど、それとは別に、湯灌とは関係ないですよって顔で私は町歩きたいんですね、正直いえば。

それに昔の友達ですが、もし立場が逆で、私が彼女から「実はね」と打ち明けられたら自分はどういう態度をとったか。一歩身を引いたかどうか。そのへんは仮定のことですけれど、さてどうしたかというと、なかなか難しい問題で、自分でもよくわからないところではあるんです。

一度でも湯灌を体験されて仕事の中身を知ってる方なら、絶対に、え！なんて顔しないし、いいお仕事ですねって言ってくれるんですけどね。

初めてのメークは義母に

湯灌やエンジェル・メークアップは、やると決めたからといって、すぐにできるような性質の仕事ではない。独立時、私には葬儀社の一員としての約一年の経験があった。それに対し、カミさんはまったくの新規参入である。ここは、講習を受けるしか方法がない。

この時点でも、私はただ黙って様子を見ていた。

メークを手伝うって決めてからは、専門業者のところへ伺って十日間ほど講習を受けました。四十体ほど、見学しながら教わりました。でも、講習だけでは、現場はつとまりません。皆さんがすべて、病院で病気で亡くなられるわけではないでしょう。今日は焼死、明日は事故死と、行くたびにご遺体が違うから、結局さらに数をこなしていくしかありませんでした。教科書がないというか、出たとこ勝負の世界でしたね。

最初のメークですか。最初はお義母《かあ》さんでした。講習が終わるか終わらないかのときで、まだ湯灌車も届いていなかったかもしれません。とにかく、開業直前でした。お義母さんが亡くなられて、湯灌はよその業者さんにお願いしたんですが、メークだけは私がさせていただきました。それを見てお義父《とう》さんが、母さんは練習台になったんだなあとか言ってました。

仕事についてからは、現場でたじろいだり、後退《あとずさ》りしたことは一度もありません。これは、わりと最初のうちに首吊りの方や女性の飛び降りの方を体験してしまったせいでしょう。早い時期に鍛えられたんですね。

それより、私がやらなかったら誰がやる。私には、そういう気持ちが強いんです。代わりがいないから私がやるわけで、後退りなんてしません。後退りするぐらいなら私、最初から湯灌の仕事に加わっていません。でもね、私、虫（蛆）だけはだめなんです。生理的にだめ。たくさんの虫がたかってる現場だけは行くのを断ってます。もっとも、そんな状態のご遺体は、メークの出番なんてないんですけれどね。

癒しのコミュニケーション

湯灌の現場で一番気を遣うのは、やはりご遺族への対応である。普通のビジネスでいえば商品の注文主、お客様だからというだけではない。私たちが仕事をするのは、これから葬儀に向かっていこうとする場だ。よほど長命だった方でもないかぎり、ご遺族は悲しみにくれているのが当たり前である。遺体が若い方や子どもの場合には、悲しみが極限まで近づき、いまにも張り裂けそうな緊張につつまれていることも多い。

そういった場では、男は無力である。男は黙って何とやらというのは、すべての物事に通じる。本人はけっしてそんなつもりはないのだが、男の私が口を開くと、出てくる言葉はどうしてもきつい印象を与えがちである。湯灌サービスが男どうしではなく、男女のペアで行う仕事であってよかったと、私はつくづく思う。

ご遺族との関係ですか。ご遺族もいろいろですねえ。核家族が増えてきて、おじいちゃんとのつきあいが薄いお孫さんがいたりといったことがあります。私の気持ちとしては、そんなお孫さんには、こんなふうに思っていただきたいです。おじいちゃんは亡くなったからといって、別人になったわけではない。昨日まで生きてらした同じ方が昨日の続きとしてそこに横たわっているだけなのだ、と。気持ち悪いとか、特別変になったとか、そういうんじゃないんですよ。そうか、いまは昨日のつづきなんだなあ、という感じで接していただきたいですね。

お宅へうかがったとき、そこにいらっしゃるご家族の方、その方々がご遺体にどのぐらいの距離で接しておられるかパッとわかります。本当です。うかがってすぐにわかるなんて、かえって自分でも困ったことになったなあと思ったりもするんですけど、とにかくわかるようになってしまったんです。五感のはたらきですね。

こんなことがありました。あるお宅へうかがったとき、ご家族がおばあちゃん、おばあちゃんと泣きながら、皆さんでワーッと集まっておられました。そこで湯灌をしたんですが、部屋の隅のほうでお嫁さんがポツンと小さくなさっておられたんです。そのとき、私はピンときました。じっと黙りこくってはいるが、おばあさんの世話をずっとなさってきたのはあのお嫁さんだろう、と。他家へ嫁いでいかれた娘さんたちにしてみれば、おばあさんは私のお母さんだという気持ちが強いでしょう。でも、介護はあのお嫁さんだろう。それがわかるので、湯灌が終わったとき、私その方のそばへ行って、大変でしたねえ、ご苦労さまって声をかけてさしあげました。そうしたら、その方、私のこの手を握って、いきなり泣き出されました。だれかに長い介護のことをわかってもらいたいというか、いろいろな思いがたまっておられたんでしょうねえ。

ええ、ご家族にはなるべく立ち入らないようにしてますが、声をかけなくてはいけないと思ったらそうします。

それから、こんな思い出もあります。中学一年生の男の子でしたが、お父さんが亡くなって、私たちが湯灌を始めたとき、いまにも泣きそうになったんです。そうしたら、お母さんが「男は泣いちゃいけない」ってしかるんです。それで、その子、湯灌の間中ずっと我慢していた。最後になって、私は思わずその子に声をかけてしまいました。今日は泣いてもいいのよ、って。今日泣かないと明日は泣けないよ、今日は泣いていいんだからって言ったんです。お母さんのことより、私、そのとき、その男の子に気持ちが移っていたんですね。そうしたら、彼、ワーッて泣き出しましてね。私は、それはいいことをしたなって思ってます。そういうご遺族の子どもさんにだって、心のやり場みたいなものをつくってあげる、それも仕事のうちじゃないかと、私は思うんです。

高校生の男の子が泣くこともありました。長いこと患っていたお母さんが亡くなられた、というケースでした。そのお母さんのシャンプーの後に、「あなた、ドライヤーでお母さんの髪を乾かしてあげて」と言いましたら、もう本当にその子は長いことドライヤーあててましてね、あてながらずーっと泣いているんですよ。湯灌というものがなければ、その男の子は、泣きながらお母さんの髪を乾かすなんてことなかったでしょうね。髪を乾かすことでも、何でもいいと思うんです。何でもいいんです。お別れのときにお母さんに何かしてあげる時間とか、行為とか、そういうことが大切ではないかと思うんです。

結局、私たちの仕事って、技術を提供するだけではすまないわけです。大切なのはご遺族との癒しのコミュニケーションではないか。私はそう思います。

メークの心

カミさんが担当するのはエンジェル・メークアップ、つまりは化粧である。当たり前だが、化粧には化粧品を使う。ご遺体の化粧にあっても、それは変わらない。ただし、ご遺体の様子は、私たちには現場に着くまでわからない。だから、皮膚の状態一つにしてもいろいろなケースを想定し、タイプの異なるたくさんの化粧品を用意しておく。

といっても、私は化粧の技術的なことについては皆目知らない。ここは、プロの発言をじっと聞くことにしよう。


化粧品は、普通に市販されているメーカー品、カネボウや資生堂のものを使っています。もちろん、立派な箱に入ったアメリカ製のエンバーミング専用セットや、舞台用の役者さんが使うものも揃えています。ご遺体はさまざまですから、化粧品も多種多様になります。

ただご遺体とはいえ、日本人の方にはやはり日本のメーカーのものが色も自然に仕上がるようです。まあ、なんにせよ、試行錯誤で使い分けているというのが実情かしら。それに私の場合は、そばにいらっしゃるお子さんなりお母さんに話しかけながらお化粧しますでしょ。口紅を何種類か見せて、生前はどんな色が好きでしたかとか聞きながら、「口紅だけでもあなたが塗ってさしあげ

エンジェル・メークアップの流れ

クレンジング、マッサージ
↓
リップケア
↓
蒸しタオルパック
↓
むだ毛処理
↓
化粧水で肌を整える
↓
乳液で下地
↓
ファウンデーション、チーク
↓
パウダーで肌色の仕上げ
↓
眉を整える
↓
アイライン、マスカラ
↓
口紅
↓
髪を整える

たら」と、手渡ししたりします。

おばあさんとその孫の若いお嬢さんというような関係で、仲がよかったりすると、一人のお嬢さんが「私、眉もかいてあげたい」と自分からいいだしたりすることがあります。すると、ほかのお孫さんも、「私は頬を」なんていいだしましてね。とてもあたたかくて雰囲気のいいお別れが進んでいくことになります。そんなときでも、引っ込み思案ていうんですか、お別れの化粧の流れに乗りそこねるお孫さんもいるわけで、そんなときは全体の進行を見守っているうちの人が、最後にちょっと声をかけてさしあげるわけです。

旅支度の六文銭の入った頭陀袋を故人の首にかけるときには、「あなたとあなた、この袋を首にかけてあげてくださいね」と声をかける。ええ、できるだけその場に集まった皆さんに参加していただきたいんです。というのも、そのことは必ずその方たちの癒しになるんですから。「私だけ、別れの時に何もしなかった」「私だけ、参加できなかった」という悔いが残ってしまっては、その方たちがお気の毒です。

若い人、お年寄り、男と女、それぞれのお化粧のコツですか？　これは、技術の問題じゃないんです。ハードとソフトでいえばソフト。遺族とのコミュニケーションが化粧の際に一番大切なことなんです。絶対にコツなんかじゃないんです。心なんですよ。

遺族への声かけ

緊張した葬儀の場では、ご遺族の話を引き出し、聞いてあげるのも、私たちの役目である。ここでも、やはり「女の力」というしか言いようのないものがはたらく。

ご遺族には、それとなく話しかけます。

湯灌ははじめてという方が多いので、「昔は皆さんなさってたんですよね。でも、いまは皆さんどうやっていいかわからなくなってますもんねえ」などと話を切り出します。

きれいなお母さまでしたねえ、年齢に合わせてこういうお色にしましょうかとか、その方のいいところを見つけて、肌がきれいだからお化粧ののりがいいですとかお話ししていくわけです。するとご遺族の方も、「お母さんは華やかなことが好きな人だったから、明るめの化粧をしていただけたら」とか、ぽつり、ぽつりと話しはじめるんです。

女性を味方にして自然な流れをつくる、とでもいったらいいでしょうか。流れをぎくしゃくさせないためにも、話をしながらご遺族の気持ちを自然に流れていくように配慮していくわけです。すると、ご遺族もなんだか救われたような表情になっていかれるものなんです。

まあ、そのようにご遺族の話を聞いてさしあげるのが私の仕事なんだって、そう考えるようになるまで半年ぐらいかかったでしょうか。最初の半年ぐらいは、もう仕事をきちっとこなすので精一杯でしたから。

それに、ご遺族の癒しになるということは、また逆に私たちが癒されることでもあるんですね。おじいさんの髪を洗って櫛でとかしていたら、おばあさんから「あなた方は絶対にいい人生の最期を迎えられますよ。いいことをしていらしてるから」と、声をかけてくださったことがあります。そのおばあさんだけではなく、同じような言葉はご遺族からよくかけていただきます。そういう言葉、私、とても励みになるんです。

もちろん、大往生だって皆さんが思ってらして、明るいお宅もあります。そういうお宅では、故人の思い出話に花が咲きまして、時々どっと大きな笑い声が広がったりもします。そんな明るいお宅では、私も気兼ねなく本音を申し上げます。皆さん泣いたり笑ったりでいいじゃないですか、と。こういうのが本来のご葬儀なんでしょうねえ、なんてことも言ったりいたします。

喪家の雰囲気

湯灌の依頼電話を受けたとき、私たちは必ず故人の死因や年齢、性別を尋ねるようにしている。それを知っておくのと知らないのとでは、喪家に入るときの気持ちが違う。ご遺族への対応も変わってくる。

相手のことをそれなりに知っておくことは、コミュニケーションを円滑にする上で必須の条件といっていいだろう。ときには、殺気立っているような雰囲気の喪家もあり、ちょっとしたことでいさかいにもなりかねない。いろいろなことに気を配りつつ進めるのが、湯灌という仕事なのだ。

人はさまざまですし、心して気遣ってることはあります。特に注意するのが、お宅に最初に入るときです。必ずお可哀想にって気持ちで玄関に入る。まして、自殺の場合はその気持ちが大切ですね。帰宅してから、何も死ななくてもいいじゃないか、死ぬ気になったら他にいくらも道がみつかるだろうにって思うことはしばしばです。

でも、最初にお邪魔するときは、とにかくご遺体に対して、お可哀想にって気持ちで接することにしています。残されたご遺族は本当に苦しんでおられますからね。

事故にしろ病気にしろ、やむを得ないこととはいえ、ご両親より先に亡くなる逆縁の場合は、本当にお気の毒です。それも、自殺での逆縁ともなれば、ご両親の歎きと苦しみはいかばかりか、想像を絶しています。

それから、平常以上に気配りを欠かさないようにしているのが、小さいお子さんが亡くなられたときです。先日は懇意にしている葬儀社の女性社長さんのお知り合いの方のお子さんが亡くなられましてね。三歳でした。そのときは、こうしてほしい、やっぱりここをこうしてほしい、というような電話が何回かかかりまして、一日に三回も喪家へうかがったものでした。

ご遺体が子どもさんのときの湯灌は、女の私がすべて行います。男ではないほうがいい。若い女性や若いお母さんのときもそうします。タオルの下とはいえ、故人を裸にして洗いますから、男性にはそれとなく阿吽の呼吸で退出してもらいます。そして、ご家族に声をかけて、一緒に湯灌をしていくことにしています。

交通事故などの場合には、お部屋の中に怒気が充満しているようなときがあります。とにかく誰かに当たり散らさないといられない、そんな感じなんです。こういう場合も、こちらがひたすらお気の毒にという気持ちになってないと、妙なことで言いがかりをつけられたりすることがあります。とにかく、ご遺族の気持ちになって入っていくことが大事であり、すべての基本なんです。

ごく稀にですが、病院で亡くなられた方の中には、手術跡のこととか、そのほか体の傷などについて、根掘り葉掘りこちらに質問してくるご遺族がおられます。病院の医療に疑問をもっておられるんでしょうね。でも、こればかりは私どもにはわかりません。専門家ではないからといって、とりあわないことにしています。

うっかりしたことはいえないですよ。裁判にかかわってきますからね。

とにかく、私たちは人様の悪口にかかわるようなことはその場では絶対に口にしないように心がけています。それが大原則です。

遺族と葬儀社の間で

喪家と葬儀社との関係にも、なかなか微妙なものがある。

最近とみに感じることですが、喪家の方が葬儀社に騙《だま》されまい、お金を余計に取られまいと構えてらっしゃる場面にしばしば立ち会います。葬儀社に文句をおっしゃってる方もおられます。これはやはり時代なんでしょうかねえ。

昔は、葬儀屋さんというと、同じ町内か隣の町内には必ず一軒ぐらいはあったものですよね。町内の誰もが葬儀屋さんのご主人や奥さんのことを知っていた。子どもや孫が同級生だったりして、下駄履きづきあいでの遊び仲間だったものです。ですから、そんな騙されまいなんて誰も考えなかった。

ところが今の世の中、隣の人でさえよく知らなかったりします。まして葬儀社の方とのつきあいって本当に疎遠になっています。ですから半ばしようがないんですが、葬儀社さんに向かって構えている感じのご遺族が結構多いんですよ。

葬儀社の方からも、同じような仕事上のぐちをよく聞かされます。おれたちは「病院の費用は○○円かかった」「葬儀屋には○○円もとられる」と、よく文句をいわれる、あんたたちのほうが気が楽だねって。半面では、そんな葬儀社の方が、間に湯灌が入るとご遺族の気持ちが一息ついたみたいに穏やかになるんだ、あなた方がいてくれてこちらも助かるよとおっしゃってもくださいます。これは、とても励みになる言葉です。

一息ついて場が緩むっていうのは、なにも葬儀社と遺族の間だけではありません。集まってきたご親族どうしがいがみ合って、険悪な空気になっていることもあります。そんなときも、湯灌がはじまると皆さん一息ついたりするものなんです。湯灌で部屋の空気が変わるんです。

それにしても湯灌の基本はやっぱり丁寧な心でしょうね。心遣いといいますか、事務的、機械的にことを運んでは、私たちの仕事は絶対にうまくいきません。うまくいかないからというより、そんな仕事の仕方はしたくないんです。仕事に慣れていくと、いつの間にか私たちの気持ちがそちらの方向に向かうことがあります。これは要注意です。

仕事にはキャリアを積んで慣れていい部分、慣れなくてはいけない部分と、絶対に慣れてはいけない部分があると思うんです。うまく説明できませんが、そういうところがあると思います。私は便利で簡単なコンビニが好きですが、この湯灌だけはコンビニエンスになってはいけない仕事だと思うんですよ。

第五章
四千体の手応えと、来し方行く末

二人の子どもたち

湯灌の仕事に就いたとき、私の二人の子どもたちはすでに大人になっていた。はじめて遺体を抱き上げた日に四十九歳を迎えた私に対して、長女は二十三歳、長男は二十一歳だった。息子はその年に就職し、いまはロボット玩具のキャラクター・デザイナーとして多忙な毎日を送っている。

振り返れば、倒産後、住まいを千葉県にある公団の団地に移したのだ。だがそこは、大人になった子どもたち二人との共同生活を続けるには、あきらかに狭い部屋だった。

けれど当時借金まみれの私は、追いつめられたあげく、そこにやっとの思いで安住の場所を見つけたのだった。

家族には、何もかも我慢を強いるしかなかった。それに、子どもたちが家を出て独立していく日もそう遠くはない、そんな思いもあった。

しかし、いま振り返ってみると、私は子どもたちに湯灌の仕事のことをあまり深く話した記憶がない。

劇的といってもいい変化なのに、私自身のなかにそのことを話すのをためらわせる何かがあったのかもしれない。あるいは、半分投げやりになっていたのかもしれない。いずれにしても、その頃、子どもたちが私の仕事のことをどう考えていたかとなると、手がかりは何もないのである。

冷え切った親子関係、と感じられるだろうか。事実は、そんなことはない。娘とも、息子とも、ごく普通の親子関係である。ただ、それぞれがいま考えていること、やろうとしていることについて根ほり葉ほり尋ねるようなことはしない。そんな暗黙のルールが、私たち親子を制御しているようである。

もっとも、あとで知ったことだが、娘についていえば、私の仕事のことはやはり気になったらしく、当座は何かと母親に聞いていたらしい。私は私で、娘にそのことを聞かれるのはなんだかかったるく、そうなりかけたときも身をかわしていた。娘のほうも、同じく彼女なりに身をかわし、回答を女親に求めたのだろう。

娘はやがて二十八歳になって結婚し、家を出た。今も、三か月に一度は一緒に食事をする。

不思議なことだが、そうなって、娘と私との会話は増えた。互いの親密度も増したような気がする。想像だが、娘は結婚を通して生活というものをよりリアルに体験するようになった。その結果、親に対する理解が深まったのではないかと思う。

子どもたちについてさらにいえば、彼らがより大きなショックを持ったのは、私の最初の事業、ＣＭ制作会社がパンクしたときだったようだ。なにしろ、赤坂は乃木坂で羽振りよく仕事をしていたのに、いきなり倒産。そればかりか、家を失った。そんな環境激変で何も感じないわけはないだろう。

私はそんな子どもたちの様子を振り返る余裕もなく、ただただ必死だった。そのことは、子どもたちだって、私の顔色や言葉の断片から想像できたろう。だから、湯灌への転職の際は、もう慣れっこだった。そういうことなのかもしれない。

子どもについて書けることは、せいぜいこのぐらいだ。

それにしても、新たに起業して五年目、それなりのお祝いもして出すことができた。やれやれ、これでまがりなりにも親のつとめを果たせたかというのが、そのときの掛け値なしの実感だった。

湯灌の仕事を母に伝えた日

私が苦心したのは、新しい仕事のことを私自身の二親にどう伝えるかだった。

子どもへの接し方と親への接し方とでは、やはり決定的に違う。

単純に見ても、私が子どもに接するときは、私↓子という上下関係である。私自身の両親に対するときとなると、この関係は逆転する。

自分が湯灌の仕事に就くことを両親に話すというのは、われながら複雑な感情が錯綜する、やっかいな一大事だった。

ここでは、好意的なのは母親のほうだった。

母は、私が入浴介護サービスの仕事に就いたときもそれなりに喜んでくれたが、そのときと同じく、

「入浴サービスでは、とてもやっていけないんだ。今度は湯灌の仕事をするよ」

「ああ、それはいい仕事だねえ。人様に喜ばれる仕事だねえ」

と素直に喜んでくれたのだった。

私は、なぜそんな仕事を選ぶのだ、やめておきなさいといった調子で止められるだろう、叱られるだろうと予想していたから、これは意外な返事だった。拍子抜けした。

いや、それよりも、私は心の隅で

「おまえ、そんなことまでしなくても、何かほかに仕事があるでしょう」

と言われることを期待していたのである。

そう言われれば、もちろん母を説得しにかかる。そのくせして、一度は止める言葉を返してほしいという、妙に矛盾した気持ちを持っていたのだった。

これは、一人っ子固有の、母と子のいわくいいがたい感情の流れなのかもしれない。母の側にしてみれば、息子が選択する職業はすべて受け入れようとする気持ちが強かったようだ。また、母は当時すでに七十五歳である。六十代なら反対したかもしれないが、湯灌というものを自然に受け入れることのできる年齢になっていたのかもしれないとも考える。

すべては私の一人勝手な思いこみであって、実際のところはわからない。ただ、はっきりしているのは、親ならせめて少しは注意ぐらいしてくれてもいいのにという、ある種の甘えが私のなかにあったことだ。なんだか物足りなくて、ちょっとした腹立たしささえ感じていた。いくつになっても、息子は母親の前に出ると、とたんに「子ども」に還ってしまうものらしい。

その母が逝ったのは、私が湯灌業界に入って二年後のこと。

母は七十七歳になっていた。

私にとっては、自分が直面する肉親のはじめての死である。

私は、時まさに開業の準備中だった。カミさんのほうも、メークの講習を受けているさなかだった。それで、母の湯灌はどうしようという話になった。

外科医は自分の身内の手術はしない、執刀は信頼できる同僚に任せて自分は助手にまわる、という話をよく聞く。私も、そんな外科医と同じような気持ちになった。母の湯灌を自分の手で行う気にはなれなかった。最愛の肉親である、なんだかせつなかったのだ。それで、湯灌は同業者に任せ、私自身はサブにまわり、着替えを手伝う程度にした。

発注した湯灌車はまだ未完成で、浴槽も手元に届いてはいなかった。それで、これらの設備もまたすべて同業者のものを使うことにした。

ただ、最期の旅立ちのメークだけは、修業中の身ではあるが、カミさんにやってもらうことにした。

真新しい湯灌車が届いたのは、母の湯灌の翌月のことだった。

最後まで頑なだった父

母とは違い、父は最後まで湯灌にひっかかっていた。

父親と息子は、終生ライバル関係にあるといわれる。私が父のライバルであるためには、父が認める生き方の中で戦える相手でなくてはならない。

しかしながら、父は湯灌師となった私を認めなかった。だから、私はライバルではなく、ただの「不肖の息子」なのである。一緒にいて何でもない日常の話をしているときでさえ、「お前はいったい何をやってるんだ、士農工商の下の下がやるようなことをして……」という不満が、言葉のはしばしにあらわれた。

その父も、二〇〇一年、いまの私を受け入れないまま他界した。八十歳だった。

その年、父は動脈瘤が悪化して緊急入院した。

すぐに私に連絡があり、外出先からそのまま急いで駆けつけると、病院はすでに手術の態勢に入っていた。ゴム手袋をつけた医師や看護師が、私を待ち受けていた。手術するかどうか、最終判断をしてほしいと、主治医からいわれた。

そのとき、父はまだ意識があった。私は、父に話しかけた。

「先生の話だと、えらい手術になるらしい。どうする？　手術する？　それとも、痛みを抑える処置をしてもらって、しばらく様子を見るかい？」

すると、父はわずかにかぶりを振った。そして言った。

「手術なんか、もうしなくていい。痛みだけ抑えてくれ。おれはまだ二、三日は生きられるんだろう？　そうだろう？」

「ああ、大丈夫だ。それくらいなら生きられるって、医者が言ってる」

「そうか。じゃあいいよ、手術はしなくていいよ」

私は、かつて母が病院の集中治療室に入った際、まさかのときはどうするか、父と延命治療について話し合っていた。治る見込みはなく、意識もなし。そんな状態で何か月も生き延ばされるなんていやだ。それが父の希望だった。残される家族の思いもあるから、数日から一週間程度なら我慢しよう、あとはよろしく頼む。父はそうも言っていた。

私は、父の意志を主治医に伝えた。張りつめていた空気が、一瞬のうちにしぼんだ。若い医師やナースたちが、一斉に音立てながら手術用の手袋をはずした。バシッ、バシッというその音が、いまも耳の底に残っている。

私は父の最期を覚悟した。ただ、あと二、三日あれば、かなりのことが父と話せるだろうと考えていた。しかし、その考えは甘かった。

手術を見送ることになって、父はストレッチャーに乗せられ、病室へ戻っていくことになった。その途中だった、父の容態が急変し、危篤状態になった。それきり、言葉を交わすことはできなかった。

父の遺体は湯灌をした。今度は、私自身が担当した。母親の葬儀のときもそうだったが、遺体を納棺すると、家族めいめいが別れの言葉を書いたカードをそこに入れた。

男の友人というもの

『納棺夫日記』（前出）にこんなことが書いてある。

「職業に貴賤はない。いくらそう思っても、死そのものをタブー視する現実があるかぎり、納棺夫や火葬夫は、無残である」

「叔父に親族の恥さらしだと罵られてもそんなに気にもしなかったが、友人たちが遠ざかっていったことが、寂しかった」

何代も続いた家柄の長男である著者は、教育者や国家公務員を輩出してきた一族の恥だと、実の叔父から切り捨てられた。しかし、それはかまわないが、友人たちが自分を避けるようになったのはたまらない、というのである。

私には、この気持ちはよくわかる。親類はむろん大切な存在ではあるが、いまの社会生活ではそうそう会う機会もない。あったとしても、そのつきあいは儀礼的である。それに対し、友人たちは、日々の生活になくてはならない存在である。そんな友人たちとのつきあいが一挙に絶たれたら、これはつらい。

私の場合にも、似たようなことはあった。いつの頃だったか、ふと気づくと、たくさんいた友人たちとまったく疎遠になっていた。親友と信じていた相手からつきあいを拒絶されたカミさんの場合とは違って、その種のやりとりはなかった。しかし、彼らはまるでフェイドアウトするように、すっと消え去っていったのである。

ただし、それは湯灌という仕事への偏見とは違うだろうと思っている。彼らが私と距離を置くようになったのは、私が事業に失敗し、倒産を経て多額の借金を負ったからのはずだ。独身時代ならともかく、所帯をもっていたら、借金を抱える男とはどうしてもつきあいにくくなる。飲み会一つにだって誘いにくくなる。男の世界とはそういうものだ。

実際のところはわからないが、私はそう思っている。それに、私が経済的に立ち直ると、彼らとの距離は少しずつ縮まりはじめた。このことから見ても、職業の貴賤に関する偏見ではなく、要は金の問題だったのだろうと思う。

友よ、君も湯灌師になれ

それとはまったくの逆になるが、湯灌師になって以降、私が積極的にコンタクトをとった友人たちもいる。ＣＭ制作という派手な世界で生きてきた私ではあるが、友人たちのすべてが楽な生活を送っているわけではない。経済的に行き詰まっている友人たちも、なかにはいた。

独立のとき、私はそんな友人たちを湯灌サービスの仲間にするべく誘ったのである。

「土壇場まできたおれは、自分で湯灌を始めることにした。どうだ、きみらもやってみないか。住んでいるエリアが少しずつずれているから、仕事がかち合うおそれはない。逆に、そう遠くはないのだから、忙しいときには仕事を回し合うことができる」

相手は四人いた。

一人はタクシーの運転手だった。次はサラ金の取り立て屋、もう一人は劇団をたたんで長距離トラックの運転手になった男、残る一人はCM制作の時代からつきあいのあるミュージシャンだった。

その頃の四人はまさに逼迫《ひっぱく》しているように見えた。湯灌の仕事なら、彼らを救える。私は本気でそう思った。

かつてはプランナーのはしくれ。呼びかけるにあたっては、企画書までつくり、彼らに送った。湯灌車のローンに人件費、仏衣その他の消耗品費、電話やガソリンなどの諸経費、月間売り上げの試算……能書きだけの企画書ではなく、経営面での予測となる数字をきちんと網羅した。月に扱う遺体が二十体ならこれだけの売り上げができる、三十体ならこれだけの金が蓄えられる、というわけである。

気の置けない友人たち相手だから、やや乱暴な口調の勧誘文も添えた。


なんだかんだいっても所詮死体処理の賤業だ。しかし、だからこそベンチャー・ビジネスとしてとらえてほしい——。

第一に、参入者がまだ少ない業界である。

第二に、設備はとりあえず車一台、パートナー一人で始められるのが良い。

第三に、葬儀業界ではいまはオプションだが、やがて定番として定着するはずである。

第四には、何より喪家に喜ばれる仕事なのだ。

きみは、この仕事をベンチャー・ビジネスとして理解できる人間である。

また、自分の生き方をアウトサイドに置いている人間である。

この二点からきみを誘うことにした。一度実際の現場を見にきたらどうだ。

呼びかけは的中した。彼らは私の考えていた通りに反応し、見学にくると言った。湯灌の場は厳粛だから、全員を一度に呼んで、どやどや立ち会わせるわけにはいかない。それで、日をずらし、個別に湯灌に立ち会えるよう手配した。

それぞれ、何ごとか感じるところがあったらしい。神妙な顔つきで、

「帰って考えてみるよ」

と、全員が言った。

ただし、異口同音にその場での決断は避けた。

それでどうなったかといえば、その後の連絡はまったくなかった。私は返事を待ち続けた。しかし、誰一人返事はよこさなかった。なしのつぶてだった。

私に向かって言える、上手な断りの文句が思い浮かばなかったのかもしれない。家族からの反対があったのかもしれない。男のプライドというやつだってある、自分の目で実際に湯灌作業を見てびびった、などと思われたくなかったということも考えられる。

いずれにしても、返事は皆無だった。私は諦めるしかなかった。まあ、仕方がない。おれは入浴サービスを経験しているが、連中にはない。いきなりシャツの袖をめくって湯灌作業に入るなど、相当に抵抗はあるさ。私はそう考えることにした。

それきりで時間は過ぎていったのだが、それでは彼らとのつきあいはその後途絶えてしまったのかというと、そんなことはない。しばらくすると、私たちはまた以前のようなつきあいに戻ったのである。

男のつきあいとは、そんなものだろうと思う。

自分の葬儀はどうするか

湯灌の世界に入って十年あまり。私は、毎日のように遺体を見てきた。それでは、その間の経験で私の死生観が変わったかといえば、それはない。以前に比べて、何も変化していない。

生き死にの面で影響を受けたのは、むしろ入浴サービスのときだった。何本ものチューブにつながれた高齢者を、数多く見てきた。そのことから感じ、考えさせられることは、多くあった。

ご本人にも家族にも、それぞれ、他人にはうかがい知ることのできない事情というものがあるだろう。だから、一概には言えないが、意識もなく生きながらえているだけの高齢者を見ると、私にはやはり違和感がつのった。希望としては、七十歳ぐらいでぽっくりと逝ってしまいたい。いつからか、そう願うようになった。

いくら歳をとっても、元気でいられるなら、それはそれでいい。だが、七十まで生きられたら、それで充分。私には、なんとはなしにそんな気分があるのだ。

実際、この十年は、そんな気持ちで生きてきた。まだ六十前の私だから、まさか親の世代の方に向かってそんな話はしない。しかし、同世代や年少の者にはいつもそう話している。

そもそも、長生きなどというのは、秦の始皇帝のような権力者の発想ではないだろうか。五十まで生きればそれでいい、あとはおまけだ、ばたっと死ねればめでたい。昔の庶民はそう思っていたはずである。私は彼らの末裔であり、たまたま生まれた時代が違って目安が五十から七十に変わった。そんなふうに思っている。

日頃から、意識なしの延命だけは絶対に避けてくれと、カミさんにも言っている。ただし、あまりにあっけない父親の最期は、家族としてはやはりつらかった。せめて一週間、いや三日でいいから生きさせてくれ、おれも頑張るから。そんな話をよくする。

当然ながら、自分自身の湯灌についても話している。

すると、カミさんがまぜっかえす。エレベーターのない四階に住んでいるのだから、運び出しが楽になるように、もう少し痩せてほしい、と。私自身はさほど太っていないと思っているが、それでも重すぎると見えるらしい。まあ、いずれは痩せ細るだろう。

実は、自分の葬儀の進め方についても考えてある。想定しているのは病院での自然死だが、その場合、私の遺体はまずは親しい葬儀社の霊安室に運び、保冷庫に入れてもらう。そこに安置してもらえば、一週間ぐらいはもつから、残された者がばたばたする必要はなくなる。保冷庫の料金は、一日一万円と見込んである。

そうしておいて、子どもたちを集め、ゆっくりと思い出話をしてもらいたい。悪口だってかまわない。何でもいいから、私の話をしてほしいのだ。そして、父母のときにそうしたように、最後には私への別れの言葉をカードに書き、棺に入れてほしい。

散骨など、家族によけいな手間をかける気はさらさらない。散骨といえば、映画『マディソン郡の橋』の一シーンを思い出す方も多いだろう。私も見た。きれいだなと思った。

しかし、あの美しさは、ロマンチックなムードが出るよう、逆光を利用して撮影した結果である。CM制作をやっていた私には、それがよくわかる。

骨の粉など、実際には映画の画面のようにロマンチックでも美しくもないのである。

地べたからものを見る爽快さ

職業柄といっていいのかどうか、生き死にについての自分の考え方や死後の葬儀のことなどは、よく家族に話している。ただし、話すときの口調はいつも軽めであることを意識する。重たい口調で語って、家族に圧迫感を与えてもしかたがない。

口調は軽くても、中身は全面的に私の本心である。それは、これまで続けてきた湯灌サービスの中で、あるいは父母を見送った体験の中で培われたものだ。ちょっとやそっとの思いつきではないし、揺らぐことはない。

湯灌サービスでご遺体を抱え上げ、洗体をする。これを繰り返すうちに、なぜだかはわからないが、私は常に本音で語ることを自分自身に課すようになった。それを日々実行するうちに、自分で自分の言葉を信じることができるようにもなった。

ＣＭ制作の時代は、それこそが自分の天職だと思っていた。時代の先端に身を置く誇りや心地よさもあった。しかも、常に現場に出ていたので、仕事には肉体的な手応えがあり、シャボン玉のようなむなしい仕事とは全く考えなかった。

しかし、いま振り返ると、当時自分がしゃべっていた言葉は、本当に本物の本音だったのだろうかと考えることがある。先端にいる気取りは、なかっただろうか。気取りからくる空疎さは、なかっただろうか。

十年間の湯灌サービスの経験は、私の腕に、腰に、背骨に、ずっしりとした手応えを残している。その手応えは、私を率直にものを言う人間にした。いま私が口にしている言葉は、昔に比べ、てらいというものがまったくない。

どう表現すればいいのだろうか、おれは底の底から、地べたから見ているんだ、その上でしゃべっているんだ。そんな実感があるのだ。

別の言い方をすれば、こういうことだ。

かつて友人たちを湯灌の世界に勧誘した文章。いま、その文章を読み返してみても、訂正すべき点は一つもない。収支の試算はもちろん、やや乱暴な呼びかけ方も、すべてそのままでいいと思う。八年たっても変える必要が感じられないのは、その当時の自分が掛け値なしの本音で語っていたということだろう。

そうして、近頃の私は、街の雑踏を歩いていたりして、

「いまのおれは掛け値なしの人間なんだぜ、どうだ、ざまあみろ」

などと不意に思ったりする。いまの私には、毎日が爽快である。

旅行の顚末

CM会社が傾いた頃から、無我夢中で働き続けてきた。

あるとき、当時からのことをふと振り返って、その間、まったく旅行に出ていないことに気づいた。というより、「旅行」という文字は、私の意識から消えていた。

二〇〇二年春、仕事が安定し、経済的にも余裕が出てきて、久々の旅行を思い立った。依頼の電話を待ち、来ればすぐに飛び出す。そんな繰り返しの毎日から、たまには逃れてもいい。そう思ったのだった。

たまたま、カミさんと一緒になってから三十年だった。そうだ、結婚三十年記念

ということにしようと話は決まり、二人で旅行に出た。奈良と京都への二泊三日の小旅行だった。

わずかな期間とはいえ、いざ出かけるとなると、しなくてはならないことがいくつもあった。何よりも、湯灌サービスの注文がきたらどうするか。結局は、知り合いの業者に電話が転送されるよう手配した。

久々の旅行は楽しかった。旅先では、とにかく義務という意識がなくなる。せっぱつまってすることがなくなる。ここで失敗したら、取り返しのつかないことになるといったプレッシャーは微塵《みじん》もなく、完全な自由が得られる。まさに満喫した。

ところが、悲しいかな、そんな楽しい旅行から戻ると、私たちはたちどころにいつもの自分たちになってしまうのである。

帰宅してわかったのは、第一に、旅行の間の湯灌の注文が一日に三件あったことだった。ふだんは、一日に一～二件というのが平均である。それを知っただけで、私たちはたちまち気落ちした。

情けないことに、旅行のための出費とその間に入るはずだった収入とがぱっと浮かぶ。

「わっ、五十万だぞ、おい」

請け負いの自営業者としての性《さが》が体にも心にも染み着いてしまったのだろう、私たちはたちまち現実主義者となった。これが旅行の顚末である。

それくらい、私たちは毎日仕事を夢中でこなしてきた。自慢するわけではなく、単なる事実の確認としてそう思う。

そうして、気づくと、私も五十九歳になっていた。まさしく、光陰矢の如しである。

いったい、あと何年続けられるだろうか。

近頃、そう思うことがはっきりと増えてきた。

還暦を前に行く末を考える

私にも、それなりに先々への思いがある。

湯灌サービスは、一言でいって重労働である。この十年、私はかれこれ四千体ものご遺体を抱えてきた。その結果、腰の蝶番《ちょうつがい》がかなり痛んできている。だましだまし続けてはいるが、少し長距離を歩くと、たちまち左足がしびれる。体の痛みははっきりしている。

このことから見ても、やがて三年もすれば、自然と限界がくるのではないか。私にはそんな気がする。先のことは誰にも読めないから、三年は五年へと伸びるかもしれない。しかし、逆に二年へと短縮されるかもしれない。

少しでも長くやりたいと思っているのではない。それより、適当な時期に若い人に引き継ぎたいという気持ちのほうが強い。若い社員を入れて、十年間私たちが蓄積してきた技術やら流儀やらを手渡したい。必死で開拓してきた葬儀社のネットワークも手渡したい。

しかし、その見通しが立たない。そのことに焦りやいらだちを覚えるのだ。

そもそも、湯灌という仕事の本質を若い人たちにどこまで伝えられるか。私にはその自信もない。

大手の同業者に聞くと、新聞に社員募集の広告を出すと、非常に多くの若者が応募してくるという。ただし、彼らは仕事の内容を知らずに応募する。募集要項を見て、給与が他業種より高いというその一点に目を奪われて応募するのだ。

だから、その結果はいわずもがなである。

講習で湯灌という仕事がどんなものなのかがわかると、翌日は半分に減る。三日目には、さらに減る。

どの業者だったか、新宿は歌舞伎町でホステスをしている子が応募してきたという。いいかげんにホステスから足を洗いたいというのが、彼女の希望だった。しかし、遺体の足を洗う仕事だとわかると、翌日はもう来なかった。遺体の足を洗えば、自分の足も洗えるのに。私たちは嘆き半分で冗談を言った。

総じて、若者たちは箸にも棒にもかからないタイプがほとんどだという。稀にきちんとした若者がいても、この仕事に引きつけるのは難しい。

そんな背景があって、私はこの仕事を引き継いでもらうのは、結局は四十～五十代の人がふさわしいのではないかと思うようになった。

それも、リストラや会社の倒産で苦労をなめた人がいい。そういう人物なら私たちの思い――ご遺体を癒すこと、ご遺族を癒すこと、それが私たちの仕事の要諦であり、流儀であること――をきちんと理解し、継承してくれるのではないか。

さて最後に、湯灌の仕事に入ってから読書の時間が増えた私が感銘を受けた本の帯から、気に入りの文章を紹介しよう。

「安楽死を合法化せよ。松田道雄八十八歳、高齢者の医療と介護についてどうしても言っておきたいことがある」（松田道雄『安楽に死にたい』岩波書店）

「人間には、生きる権利と同様に死を選ぶ権利がある！　現役の医師による哲学的死の考察」（ベルト・カイゼル『死を求める人びと』角川春樹事務所）

「七十のジジイは、もはや、彼に生きていて欲しいと願う人は一人もいないのだ。恥多い生き方をする必要はなく、思いのままに生きても許されるのである」（三浦朱門『老人よ、花と散れ』光文社）

「死を考えないヒトは大バカだ」（養老孟司『死の壁』新潮社）

062 **墓をめぐる家族論** 誰と入るか、誰が守るか
井上治代
樹木葬、生前葬など、墓からの解放と「死後の自立」をめざす現代家族のゆくえ。

068 **「健康」の日本史**
北澤一利
現代人はなぜ「健康」を尊ぶのか。江戸から明治、からだに起きた変化を追う。

070 **いまを生きるための歎異抄入門**
佐々木正
永遠の「こころの書」、歎異抄。現代の切実な問題と切り結ぶ、新鮮な入門書。

077 **老いを生きるヒント** 超高齢社会の医療と介護
荊木裕
老いとは何か、介護の本質は何か。老医が親しみをこめて綴る「じじばば人間学」。

080 **少年犯罪** ほんとうに多発化・凶悪化しているのか
鮎川潤
ステレオタイプな説明を避け、歴史を追い現在を検討しながら、その本質に迫る。

085 **昭和の子ども、田舎の暮らし**
新田鉦三
自然と共同体に密着した戦前の子どもたちの生活を、懐かしい挿し絵と共に辿る。

089 **事件論** 現代の死と虚実を読み解く
芹沢俊介
事件はなぜ、虚実のあわいに漂うのか？ 不可思議な出来事から現代を読む。

107 **超薬アスピリン** スーパードラッグへの道
平澤正夫
心臓病、がん、アルツハイマー病まで効くという超薬の軌跡と医療の問題点を追う。

124 **チベット 生と死の知恵** 松本栄一
チベットに通い続けた写真家が触れた、生き死にの知恵。多彩な交流で綴る。

140 **不美人論** 陶智子
美醜の境、美への執念の源はどこにある？ 不美人の底知れない魅力に迫る快著。

143 **江戸の化粧** 川柳で知る女の文化 渡辺信一郎
白粉、紅、お歯黒、歯磨など、江戸の女たちが発達させた化粧の文化を知る。

148 **江戸庶民の旅** 旅のかたち・関所と女 金森敦子
さまざまな困難を伴った女性の旅や関所との軋轢など、江戸時代の旅の姿を知る。

149 **カビの常識 人間の非常識** 井上真由美
カビをあなどると痛い目に遭う⁉ 知られざるスーパーパワーを大紹介。

151 **ニッポン監獄事情** 塀の向こうの閉じられた世界 佐藤友之
刑務所や拘置所に拘禁された人々の、憲法も人権規約も通用しない世界とは。

157 家族と財産を守る **完全防犯マニュアル** 中西崇
大切な家族と財産を守るために、一家に一冊備えたい防犯マニュアル決定版！

161 **暴走する遺伝子** 人類はパンドラの箱を開けてしまったのか 岡田正彦
遺伝子がわかれば人間の全てがわかる？ 危険な〝遺伝子幻想〟を徹底批判！

162 **社会で子どもを育てる** 子育て支援都市トロントの発想　武田信子
苦しい日本の子育て環境を変革するには？　国際都市トロントに学ぶ方策。

163 **パスカル　痛みとともに生きる**　田辺保
パスカルの思想と生涯を、〈痛みと死と希望〉という視点から新たに捉える。

167 **男はなぜ悪女にひかれるのか** 悪女学入門　堀江珠喜
〝ワルな女〟はなぜ魅惑的？　ひそかな憧れと願望を文学などから幅広く検証。

174 **和食の力**　小泉和子
「昭和のくらし博物館」館長による、食と日本人をめぐる滋味あふれるエッセイ。

182 **肉体不平等** ひとはなぜ美しくなりたいのか？　石井政之
ダイエットから美容整形まで、肥大化する身体コンプレックスの正体は何か。

192 **泣き寝入りしないための民法相談室** クイズと司法試験全82問　伊藤真　伊藤塾
司法試験界のカリスマ講師とその主宰校による、超わかる「役立つ民法」！

194 **漢方の診察室**　下田哲也
町の医者が教えるやさしい漢方入門。気管支喘息、アトピー等の治療法も示す。

195 **免疫と腸内細菌**　上野川修一
免疫から光を当てると、腸内細菌とヒトの不思議な共生関係が見えてくる！

197 **脱コンビニ食！** 健康長者をめざす食生活のヒント　山田博士
怪しい食事が危ない日本人をつくっている！　今日から始める食生活改善の書。

201 **サプリメント小事典**　蒲原聖可
巷にあふれる多種多様のサプリメントを正しく利用するための、決定版ガイド。

204 **家庭の化学** 古今東西、暮らしのサイエンス　山崎昶
虫除け、衣類の漂白、製氷など、暮らしの知恵を化学するサイエンス読み物。

215 **田舎で起業！**　田中淳夫
商品開発から販売、地域づくりまで、元都市生活者たちの華麗なる田舎ビジネス。

217 **カエルを釣る、カエルを食べる** 両生類の雑学ノート　周達生
カエル釣り歴なんと六十年の民族学者が綴る、可愛く美味しい両生類のお話。

218 **京都議定書は実現できるのか** CO_2規制社会のゆくえ　石井孝明
今、京都議定書は見直されるべきである！　環境対策と社会発展の調和を考察。

223 **希望の仕事論**　斎藤貴男
厳しい労働環境の中で、精神の自由と自立を実現する新たな働き方を提案。

225 **エロス身体論**　小浜逸郎
人の身体は、たんなる生体ではない。その人間的意味を徹底的に考え抜く。

278 **老いない体をつくる** 人生後半を楽しむための簡単エクササイズ　湯浅景元

いつまでも自由に思い通りに動く体で、充実した人生のセカンド・ステージを。

294 **サンカと三角寛** 消えた漂泊民をめぐる謎　礫川全次

サンカとは何か。これまでに語られたサンカ論の系譜を辿り、その謎に迫る。

298 **生きるのがつらい。** 「一億総うつ時代」の心理学　諸富祥彦

反ポジティブシンキングの思想で語る「一億総うつ時代」の心と生き方の処方箋。

300 **腎臓放浪記** 臓器移植者からみた「いのち」のかたち　澤井繁男

移植腎の〈死〉をも体験したルネサンス学者が、我が事として考える倫理。

304 **「食」の課外授業**　西江雅之

「食べる」とはなにか。文化人類学の視点から見た、驚きに満ちた人間と食の関係。

305 **神道入門** 日本人にとって神とは何か　井上順孝

「見える神道」「見えない神道」の両側面からとらえ直した、わかりやすい入門書。

307 **差別とハンセン病** 「柊《ひいらぎ》の垣根」は今も　畑谷史代

私たちはどのようにしたら隣人になれるか。ハンセン病問題を考える渾身のルポ。

314 **新・お葬式の作法** 遺族になるということ　碑文谷創

今、心のこもったお葬式とは。葬儀の流れに沿ってその作法と意味をとらえ直す。